Maitham Al-Rubai

Construir uma base de dados relacional usando o grupo de frases em inglês

ScienciaScripts

Imprint

Cover image: www.ingimage.com

This book is a translation from the original published under ISBN 978-620-2-30503-7.

Publisher:
Sciencia Scripts
is a trademark of
Dodo Books Indian Ocean Ltd. and OmniScriptum S.R.L publishing group

120 High Road, East Finchley, London, N2 9ED, United Kingdom
Str. Armeneasca 28/1, office 1, Chisinau MD-2012, Republic of Moldova, Europe
Printed at: see last page
ISBN: 978-620-7-63733-1

Maitham Al-Rubai

Construir uma base de dados relacional usando o grupo de frases em inglês

Resumo

O objetivo deste livro é desenvolver uma técnica computorizada para construir bases de dados relacionais a partir de grupos de frases em inglês. As frases inglesas passam por quatro fases para criar uma base de dados normalizada.

Na primeira fase, o programa divide a frase introduzida em três partes: grupo do sujeito, grupo do verbo e grupo do complemento. Os grupos do sujeito e do complemento representam as entidades de origem e de destino e a sua relação. O grupo do verbo representa o nome da relação que liga as entidades de origem e de destino. O programa compara cada palavra da frase com o dicionário de verbos. Quando o verbo é encontrado, o programa guarda-o numa lista e substitui o grupo de verbos por um símbolo qualquer, de modo a que seja muito fácil obter o grupo de sujeitos que vem antes do símbolo, enquanto o grupo de complementos vem depois do símbolo.

Na segunda etapa, o sistema cria uma Tabela de relacionamento entre entidades (TRE) em vez de um Diagrama de relacionamento entre entidades (DRE). A ERT contém o tipo de nó de origem (SNT) e o tipo de nó de destino (DNT), que são entidades ou atributos. Contém também os nós de origem e de destino e o seu tipo de relação; Tipo de relação do nó de origem (SNRT) e Tipo de relação do nó de destino (DNRT); o verbo representa o nome da relação entre os nós. O programa separa a relação do sujeito e atribui a relação ao dicionário de relações para obter uma representação em palavras reais para as palavras da relação correspondente. O mesmo processo é repetido com o grupo complementar.

Na terceira fase, as regras de normalização para registos ingleses (regras de negócio) são aplicadas com base na chave primária. O utilizador pode selecionar um ou mais atributos de chave primária da lista de grupos de complementos. O sistema coloca a chave candidata no topo da lista de grupos de complementos para aplicar as regras de normalização. Este desenvolvimento deve ser efectuado no ERT; o programa separará os atributos da chave primária dos atributos normais para criar a dependência funcional para cada tabela. A dependência funcional é armazenada num ficheiro denominado Functional Dependency Table (FDT), que contém o nome da tabela, os atributos da chave primária e os atributos normais.

A fase final fornece uma técnica assistida por computador para desenvolver e criar uma base de dados relacional normalizada baseada na tabela de dependência funcional (FDT). O sistema utiliza o Data Access Object (DAO) para definir tabelas para a coleção de tabelas. Após a criação das tabelas e dos campos, o sistema define um índice e atributos de chave primária para o primeiro campo de cada tabela e, finalmente, são criadas as relações entre as tabelas em função das chaves primárias e estrangeiras.

Reconhecimento

Agradeço a Deus Todo-Poderoso por me ter dado a força necessária para concluir este humilde livro. Os meus agradecimentos especiais vão para a minha orientadora de licenciatura, Dra. Salwa Anwar Taha, pela sua grande ajuda nesta área. Estou grato a vários amigos e colegas que me encorajaram a iniciar o trabalho, a mantê-lo e, finalmente, a publicá-lo. Espero que este livro seja útil a todos os académicos do meu país e do estrangeiro.

Gostaria de agradecer à minha família, aos meus pais, aos meus irmãos, às minhas irmãs e à minha mulher pelo seu apoio e amor, sem os quais este livro não teria sido possível.

Por último, um agradecimento especial à editora Karina Sabanova, sem cuja ajuda não teria sido possível apresentar este livro.

Capítulo 1 Introdução

Um dos passos mais importantes no desenvolvimento de uma aplicação de base de dados é a conceção de uma estrutura de base de dados eficaz. A complexidade e o âmbito do problema tornam esta tarefa geralmente difícil e morosa. As concepções inadequadas têm colocado muitos problemas. A falta de especificação clara dos objectivos e requisitos organizacionais tem resultado em bases de dados de âmbito e utilidade limitados, incapazes de se adaptarem à mudança. Em muitos casos, estas bases de dados problemáticas têm impedido que os sistemas de gestão de bases de dados sejam ferramentas eficazes de processamento de dados [1,2]. As técnicas manuais tradicionais de conceção de bases de dados dependem muito das competências e da experiência do projetista, uma abordagem que não é eficiente nem eficaz. Além disso, a grande escala dos problemas de conceção torna as decisões de conceção morosas e propensas a erros. É necessário desenvolver métodos de visualização da informação que forneçam uma imagem completa e exacta da base de dados e do seu ambiente de aplicação. Devido à escala e à complexidade dos problemas a resolver, é necessária assistência informática. As técnicas assistidas por computador podem ser aplicadas com êxito ao problema da conceção de bases de dados. Quando utilizadas com uma interface adequada, podem ajudar o administrador da base de dados a produzir um projeto de melhor qualidade mais rapidamente com esta assistência. O projetista humano de bases de dados pode tomar as decisões de conceção necessárias de forma mais inteligente e, normalmente, mais rápida [3].

O diagrama entidade-relacionamento (ERD) é uma técnica gráfica simples utilizada para decidir que tabelas, campos e relações são necessários numa base de dados, independentemente do sistema de gestão de bases de dados (SGBD) que se pretenda utilizar para implementar a aplicação da base de dados. Esta técnica pode ser utilizada como um primeiro passo na conceção da base de dados [4].

Uma relação é uma ligação entre entidades. O nome da relação é um verbo ativo ou passivo. Por exemplo, um ALUNO frequenta uma AULA, um PROFESSOR dá uma AULA [5].

1-1 Entidades

A entidade ao nível da modelização refere-se efetivamente ao conjunto de entidades e não a uma ocorrência única de uma entidade. Por outras palavras, uma entidade no modelo E-R corresponde a uma tabela e não a uma linha num ambiente relacional [6]. As linhas de relação representam relações entre entidades. As relações podem ser classificadas em quatro tipos [4].

1- Um para um (1:1).
2- Um a mais (1: M).
3- Muitos para um (M: 1).
4- Muitos para muitos (M: N).

Nos modelos Chen, uma entidade é representada por um retângulo que contém o nome da entidade. O nome da entidade, um substantivo, é normalmente escrito em letras maiúsculas. No modelo de Chen, os nomes das relações são representados por um losango. O diamante está ligado aos rectângulos das entidades por uma linha de relação [7]. Um exemplo: "Uma CLASSE está inscrita num ou mais CURSOS" é apresentado no modelo de Chen como na Figura (1). O resultado do exemplo como uma ERT é apresentado na Figura (25).

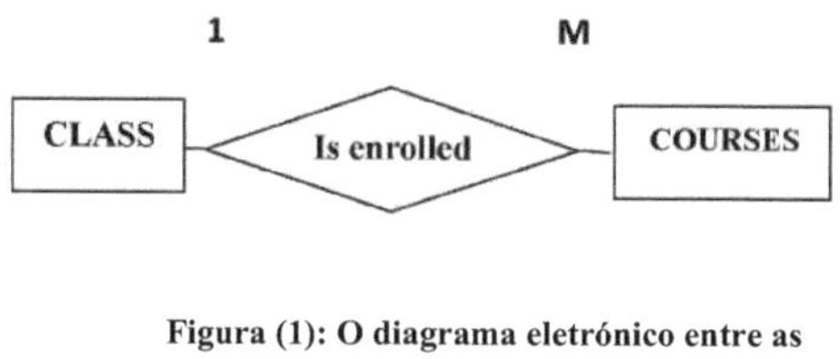

Figura (1): O diagrama eletrónico entre as entidades classe e curso

1-2 Atributos

Os atributos são características das entidades [8]. No modelo de Chen, os atributos são representados por ovais e estão ligados ao retângulo da entidade por uma linha. Cada oval contém o nome do atributo. Os atributos podem ser classificados em dois tipos [7]: Um atributo de valor único é um atributo que só pode ter um único valor. Um exemplo: "Um curso tem um número, um dia e uma hora" é representado no modelo de Chen como mostra a figura (2). O resultado do exemplo como uma ERT é apresentado na Figura (26).

Figura (2): O atributo da entidade "Curso" no modelo de Chen

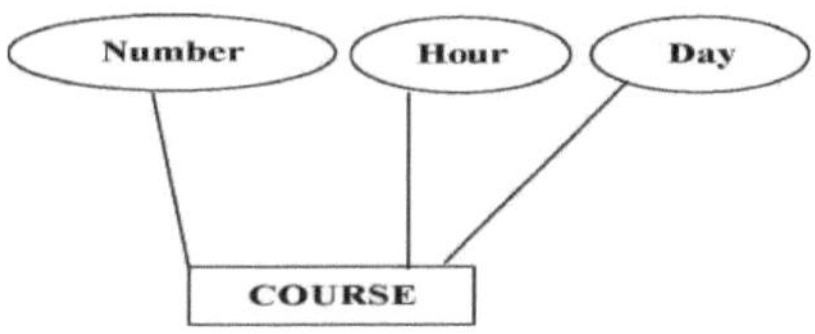

Os atributos com valores múltiplos são atributos que podem ter muitos valores. Por exemplo, um estudante pode ter um nome, uma idade e vários endereços, o endereço da universidade e o endereço de casa. No modelo E-R de Chen, os atributos de valores múltiplos são representados por uma linha dupla que liga o atributo à entidade. O diagrama E-R para "ESTUDANTES têm um nome, uma idade e um ou mais endereços" é apresentado na Figura (3).

Figura (3): Valor acrescentado para a entidade estudantil

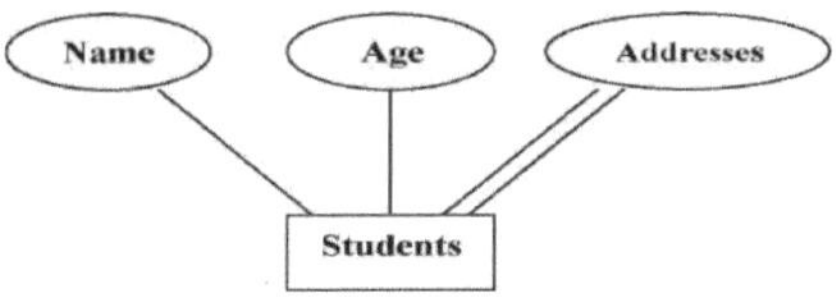

- Criar vários novos atributos dentro da entidade original, um para cada um dos componentes do atributo multivalorado original. Por exemplo, podemos dividir o atributo "Moradas" da entidade "Estudantes" para criar os novos atributos "Morada da faculdade" e "Morada de casa" (ver Figura (4)).

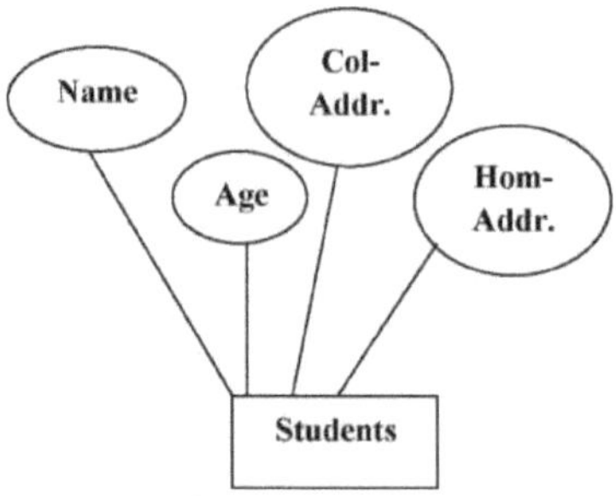

Figura (4): Divisão do atributo com vários valores em novos atributos

- Criar uma nova entidade constituída pelos componentes do atributo multivalor original, como se mostra na figura (5). A nova entidade (independente) "Endereço" é então ligada aos alunos originais numa relação 1:M. Este passo pode ser aplicado em ERT, como mostra a figura (27).

Figura (5): Um novo conjunto de entidades constituído por atributos multivalorados

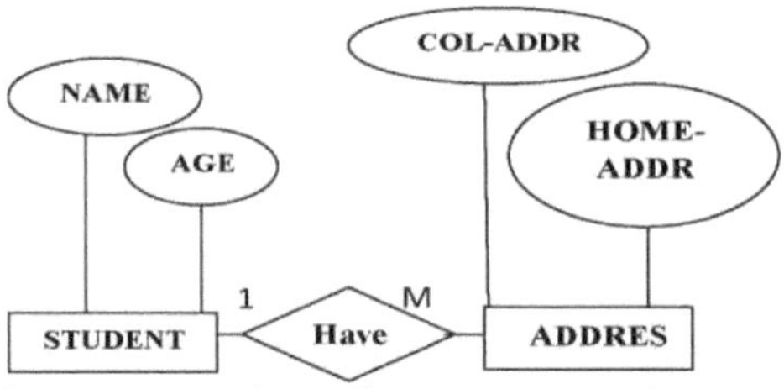

A normalização é um processo de avaliação e correção da estrutura da tabela para minimizar a redundância de dados [7], ou podemos definir a normalização como o processo de decomposição de um desenho complexo num conjunto de relações simples [9]. A normalização é o resultado de um trabalho originalmente efectuado por E. F. Codd e baseia-se num teorema matemático rigoroso que confere à técnica uma base teórica sólida [10].

Os objectivos do processo de normalização são

1- Deve ser possível visualizar qualquer relação na base de dados.

2- relações contra anomalias indesejadas de inserção, atualização e eliminação.

3- Para reduzir a necessidade de reestruturar as relações quando são introduzidos novos tipos de dados [11].

Uma chave primária é um atributo ou grupo de atributos que identifica de forma única cada entidade no tipo de entidade e cada registo na tabela da base de dados correspondente. As chaves estrangeiras são o método utilizado nas bases de dados relacionais para mostrar as relações. Um grupo repetitivo é um grupo de atributos num conjunto de dados que ocorre um número variável de vezes em cada conjunto de dados [4, 12]. A dependência funcional (DF) descreve a forma como um campo (ou uma combinação de campos) determina outro campo [12].

As FD transitivas A -> B e B -> C implicam, em conjunto, a FD transitiva A -> C [4, 12].

O modelo de base de dados relacional centra-se na representação lógica dos dados e das suas relações e não nos pormenores do armazenamento físico. A base de dados relacional é vista pelo utilizador como uma coleção de tabelas em que os dados são armazenados [13]. SGBD remoto (SGBD) é um SGBD que gere bases de dados relacionais (e não outras); sinónimo de um SGBD que implementa o modelo relacional. Nota: Os SGBD SQL são, na melhor das hipóteses, considerados aproximadamente relacionais, uma vez que a SQL contém muitos desvios em relação ao modelo relacional. [9]

Cada tabela é uma matriz que consiste numa série de intersecções de linhas/ colunas. As tabelas, também designadas por relações, estão ligadas entre si por terem uma caraterística de entidade comum. O tipo de relação (1:1, 1:M ou M:N) é frequentemente especificado nos esquemas relacionais para ligar entidades [4].

Definimos a orientação para objectos (OO) como um conjunto de princípios de conceção e desenvolvimento baseados em estruturas informáticas concetualmente autónomas denominadas objectos. OODBM é um sistema de gestão de bases de dados que combina as vantagens dos sistemas de bases de dados típicos com as propriedades de modelação e programação mais poderosas do modelo de dados orientado para os objectos [7].

1.3 A hierarquia de objectos DAO

O Data Access Object (DAO) é o nome do modelo de objeto para o Jet Engine. O DAO tem muitos níveis, o objeto de nível superior do modelo DAO, existe uma hierarquia de outros objectos e a sua coleção, cada um com as suas próprias propriedades e métodos que lhe permitem aceder aos dados na sua base de dados [10]. A hierarquia de objectos é apresentada na Figura (6).

Motor 1-DBE

O objeto mais alto na hierarquia de objetos do DAO é o DBEngine. Só pode haver um objeto DBEngine; ele contém todos os outros objetos na hierarquia. Não é necessário criar o objeto DBEngine, pois ele existe por padrão.

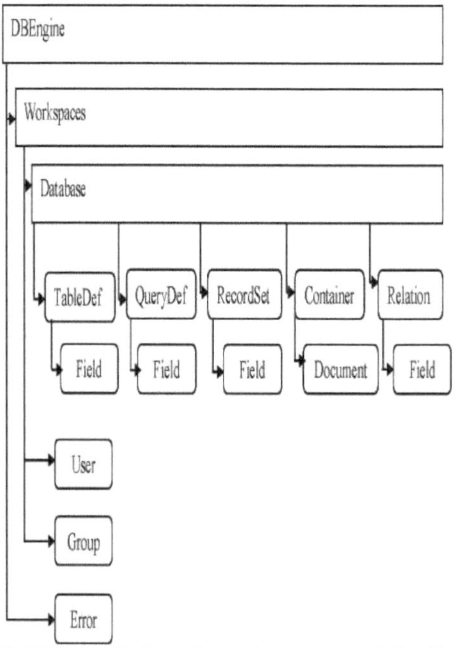

Figura (6): A hierarquia dos objectos de acesso aos dados (DAO) [10]

2- Áreas de trabalho

A maior parte da hierarquia DAO está localizada na coleção Workspaces. Um espaço de trabalho é uma estrutura organizacional que permite agrupar ligações de bases de dados num espaço ou sessão nomeados. Necessitará de mais do que um espaço de trabalho se pretender aceder a grupos de bases de dados de formas diferentes, por exemplo, um grupo através do Jet Engine e o outro através do ODBCDirect.

3- Grupos e utilizadores

Numa base de dados Jet, como o Microsoft Access, é possível definir grupos de trabalho constituídos por grupos e utilizadores e especificar as respectivas autorizações de acesso à base de dados.

4-Relacionamento

Um objeto de relação representa uma relação entre campos em tabelas ou consultas. É possível utilizar o objeto de relação para criar novas relações [14].

5 Base de dados

O objeto base de dados é o objeto mais importante que iremos tratar, uma vez que nos permite estabelecer uma interface com a base de dados.

Para analisarmos a estrutura de uma base de dados, temos de começar por analisar os objectos, as colecções e as propriedades presentes na hierarquia do nosso DAO; a Figura (2) mostra a estrutura e as propriedades relevantes [10].

1-TableDefs

Tal como todos os objectos do objeto DBEngine podem ser uma coleção ou um objeto, TableDefs é uma coleção de objectos TableDef.

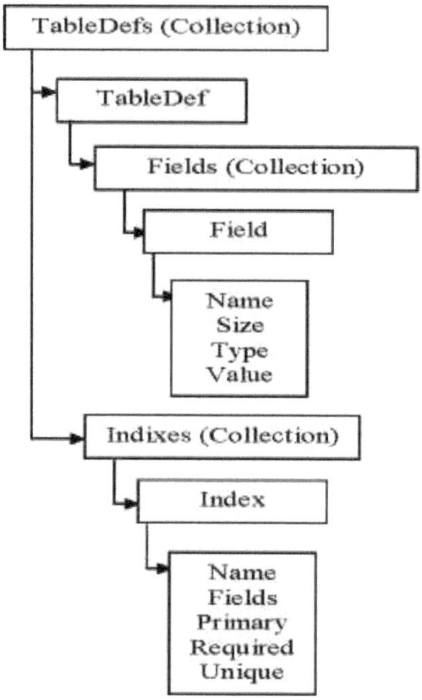

Figura (7): A hierarquia da coleção Tabledefs [10]

2-campos

Mais interessante do que os nomes das tabelas são os campos que estão presentes na tabela. Cada objeto TableDef contém uma coleção Fields, que por sua vez contém um ou mais objectos Field. As propriedades mais importantes são (nome, tamanho, campo de origem, tabela de origem, tipo e valor).

3-Indices

Assim como é possível visualizar os vários campos de uma tabela, também é possível exibir os índices da tabela. Cada objeto TableDef pode conter uma coleção Indexes associada com um ou mais objectos de índice. As propriedades mais importantes são (fields, foreign, name, primary e unique).

Capítulo 2 Proposta de regulamento

Este livro é uma coleção de quatro artigos publicados, como mostra a Figura (8).

1) Análise de frases em inglês utilizando um verbo (publicado na Revista Técnica, 2011.

2) Proposta de criação de uma Entity Relationship Table (ERT) a partir de um grupo de registos inglês. (publicado em The Engineering Conference of Control, Computers and Mechatronics, 2011).

3) Melhoria da tabela entidade-relacionamento (ERT) usando a chave primária - Al Mustansiriyah Journal of Science - 2013.

4) Implementação da Tabela de Base de Dados de Normalização da Produção Baseada

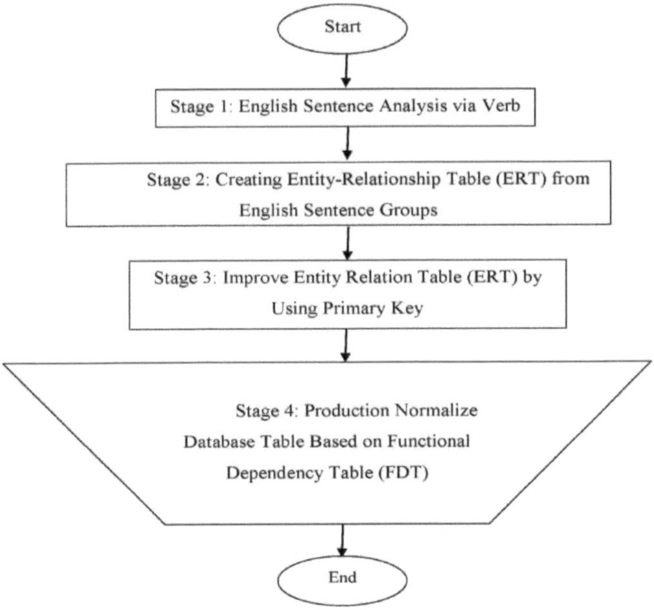

na Tabela de Dependência Funcional (FDT) - Publicado no Jornal do Colégio Madent Alelam, 2013.Figura (8): Diagrama de blocos mostrando as fases de conversão de frases em inglês numa base de dados normalizada

Capítulo 3 Fases do procedimento de proposta

3.1A primeira fase

3.1.1 Sintaxe da linguagem natural

O Processamento de Linguagem Natural (PLN) é um ramo da inteligência artificial que se ocupa de fazer com que os computadores "compreendam" afirmações escritas em linguagem humana [15].

A sintaxe desta língua divide-se em três grupos:

<grupo de assuntos> <grupo de verbos> <grupo de complementos>

1- Grupo do sujeito: Está tudo antes dos grupos de verbos.

2- Grupo de verbos: Os grupos de verbos dividem-se em dois tipos

Verbos conhecidos e verbos desconhecidos

Verbos conhecidos: Inserir os seguintes verbos:

[SER, TER, PERTENCER, CARACTERIZAR, DEVE, PODE]

Todos os outros verbos são considerados verbos desconhecidos.

3- Grupo de complementos: Tudo isto é feito de acordo com os grupos de verbos.

Abaixo encontra exemplos de frases possíveis.

Os estudantes e os trabalhadores são pessoas

um estudante está inscrito num ou mais cursos

um curso é ministrado por um instrutor

uma pessoa tem um nome, uma idade e um ou mais endereços

Uma ou mais turmas estão ligadas a um curso

um curso é ministrado por um instrutor

Um curso tem um número, um nome, um dia e uma hora

Uma turma tem um número, um dia e uma hora

um estudante tem um número de estudante um trabalhador tem um número de segurança social e um número de telefone.

um membro do pessoal tem um endereço profissional

um empregado trabalha num departamento

O grupo do sujeito representa as entidades de origem e o grupo do verbo o nome da relação, enquanto o grupo do complemento representa as entidades ou atributos de destino.

3.1.2 - Implementação do sistema

O programa consiste em três fases principais para dividir o bloco em três partes. O diagrama de fluxo do programa principal é apresentado na figura (9).

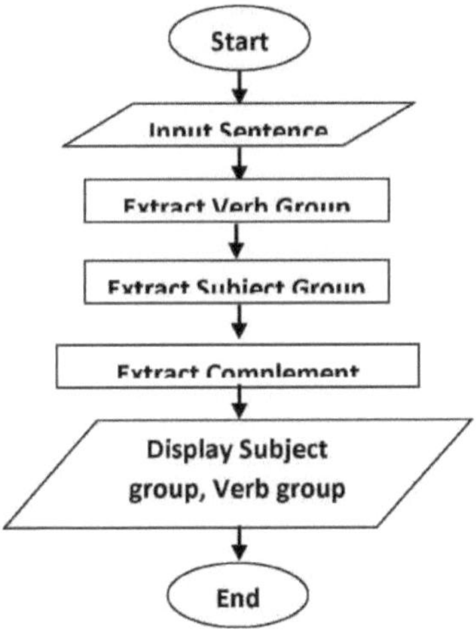

Figura (9) Fluxograma principal da análise de frases

A frase foi convertida numa lista para tratar cada palavra da frase. O programa tenta primeiro encontrar verbos compostos por três palavras. Estas palavras foram comparadas com o dicionário de verbos. Quando o verbo é encontrado, o programa muda o valor da bandeira predefinida de *falso* para *verdadeiro* e sai do programa de pesquisa de verbos, como mostra a Figura (10).

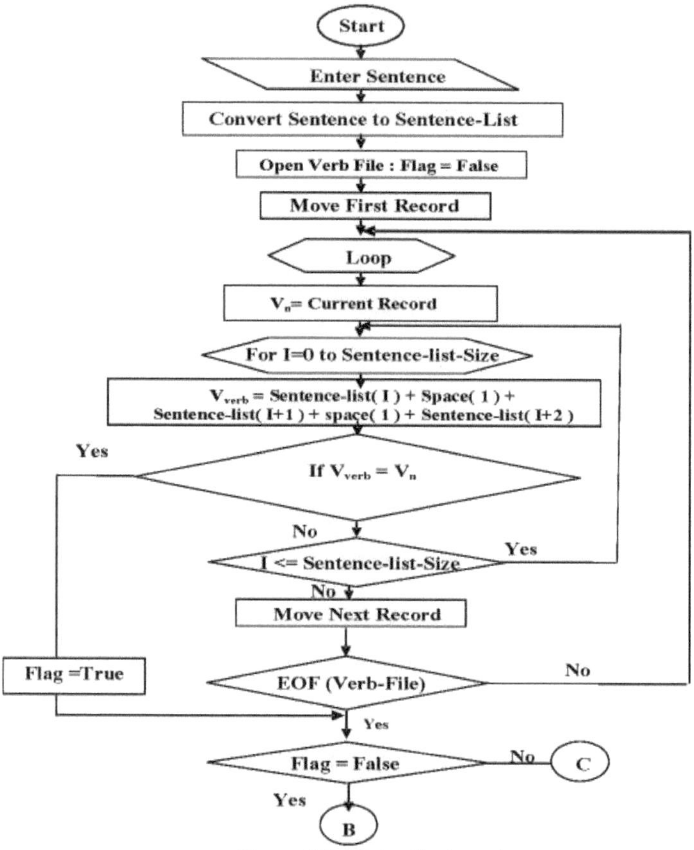

Figura (10): Extração de verbos

Se a bandeira permanecer falsa, o programa executa outro código para encontrar um verbo composto por duas ou uma palavra. Em caso de falha, isto significa que o verbo não existe no dicionário. O programa pede ao utilizador para guardar o verbo no dicionário e recomeça a análise da frase, como mostra a Figura (11).

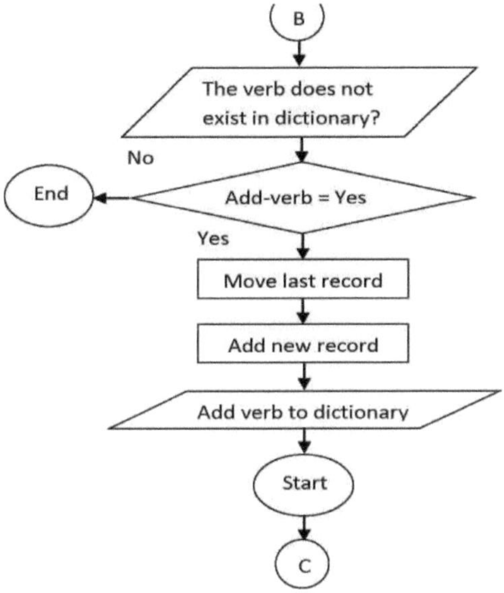

Figura (11) Adicionar um verbo ao dicionário

O grupo de verbos foi convertido numa lista de verbos. Cada elemento da matriz foi comparado com a lista de frases, e o programa colocou um asterisco (*) na lista de frases se duas palavras fossem semelhantes. Desta forma, o programa pode fazer a separação entre os grupos de sujeitos e de complementos, como mostra a Figura (12). *O exemplo seguinte ilustra o comportamento do sistema:*

Frase de entrada: "Um aluno tem um nome, uma idade e um ou mais endereços"
*Lista de registos de saída: "um aluno * um nome, uma idade e um ou mais endereços"*

O resultado da figura (12) é utilizado como entrada para a figura (13) para extrair o grupo de tópicos. Para o efeito, todos os elementos da lista de frases antes do asterisco (*) são retirados e guardados numa nova lista de tópicos. As palavras da lista de frases são substituídas por um ponto e vírgula (;), como mostra a figura (5). Por exemplo:

*Lista de registos de entrada:" um aluno * um nome, uma idade e um ou mais endereços"*
*Lista de registos de saída: "; ; * um nome, uma idade e um ou mais endereços"*
Questão da lista de temas: "um estudante

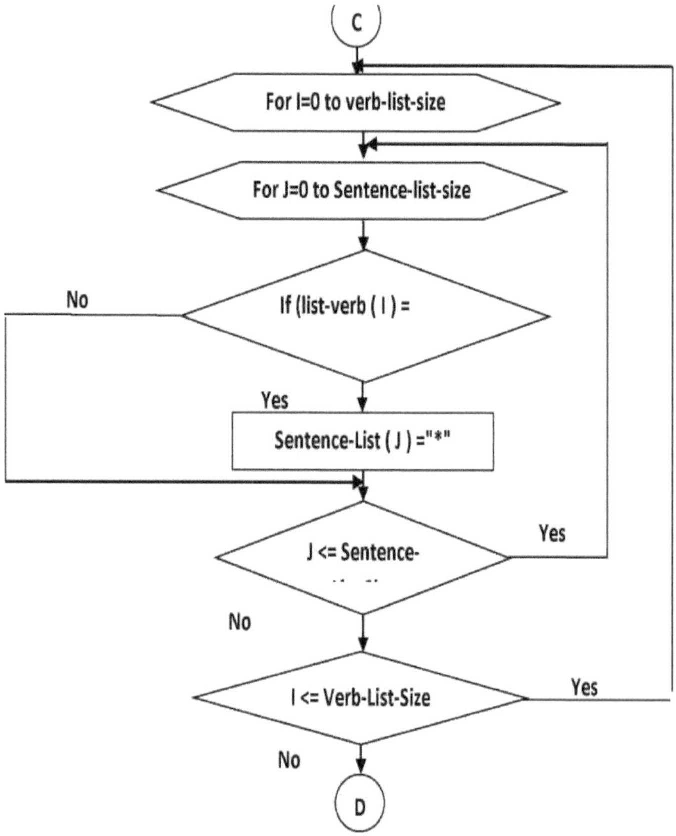

Figura (12) Substituição de grupos verbais

A lista de assuntos pode ter muitos assuntos, o programa compara cada item com símbolos ("e", ";" e ","), se o item não corresponder a estes símbolos, significa que obtemos o assunto e adicionamo-lo a outra lista de assuntos; caso contrário, o item é adicionado à variável string para obter o assunto de dois ou mais itens. Este processo continua até que todos os grupos de assuntos sejam encontrados. Como mostra a figura (13).

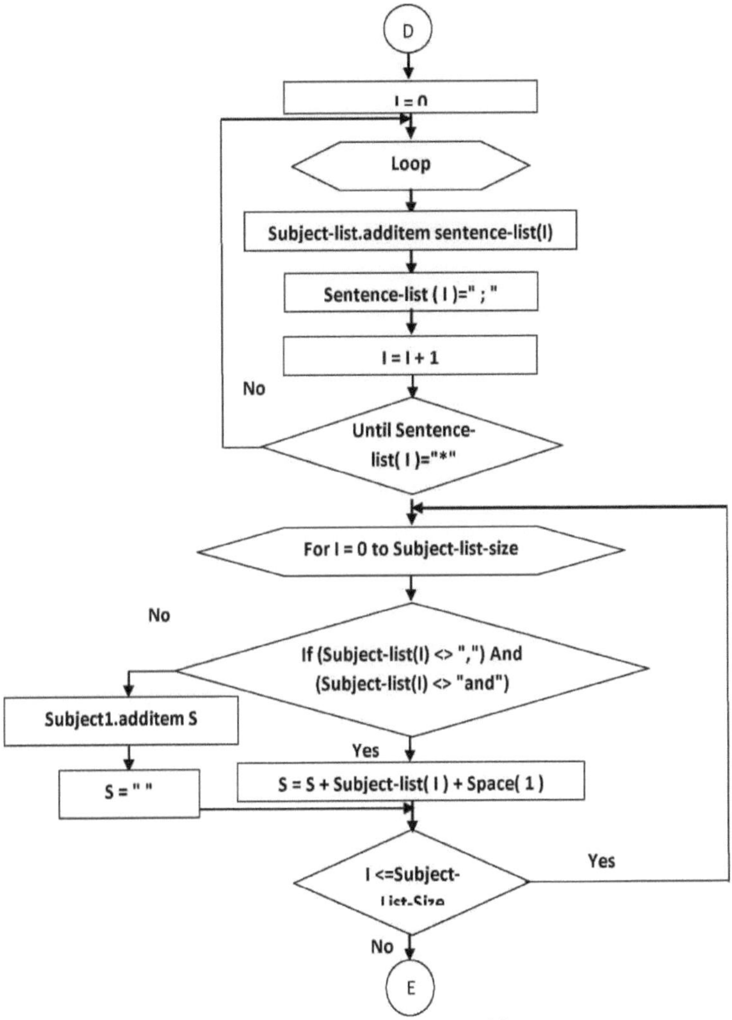

Figura (13) Grupo temático

O programa cria uma lista de complementos comparando cada elemento da lista de registos com o símbolo acima referido; o elemento é adicionado à lista de complementos se não corresponder aos símbolos. O processo continua até ao fim do registo, como mostra a figura (14). Por exemplo:

Lista de registos de entrada: ";; um nome, uma idade e um ou mais endereços"*

Lista complementar de saída " um nome, uma idade e um ou mais endereços"

A lista de complementos pode ter muitos complementos, o programa compara cada elemento com símbolos ("e", ";" e ","), se o elemento não coincidir com estes símbolos, significa que obtemos o complemento e adicionamo-lo a outra lista de complementos; caso contrário, o elemento é adicionado à variável string para obter o complemento de dois ou mais elementos. Este processo continua até que todos os grupos de complementos sejam encontrados, como mostra a Figura (6).

Lista suplementar de entrada: "um nome, uma idade e um ou mais endereços"

Lista de complementos de saída1 (0): um nome

Lista de complemento1 de saída (1): uma idade

Lista do complemento de saída 1 (2): um ou mais endereços

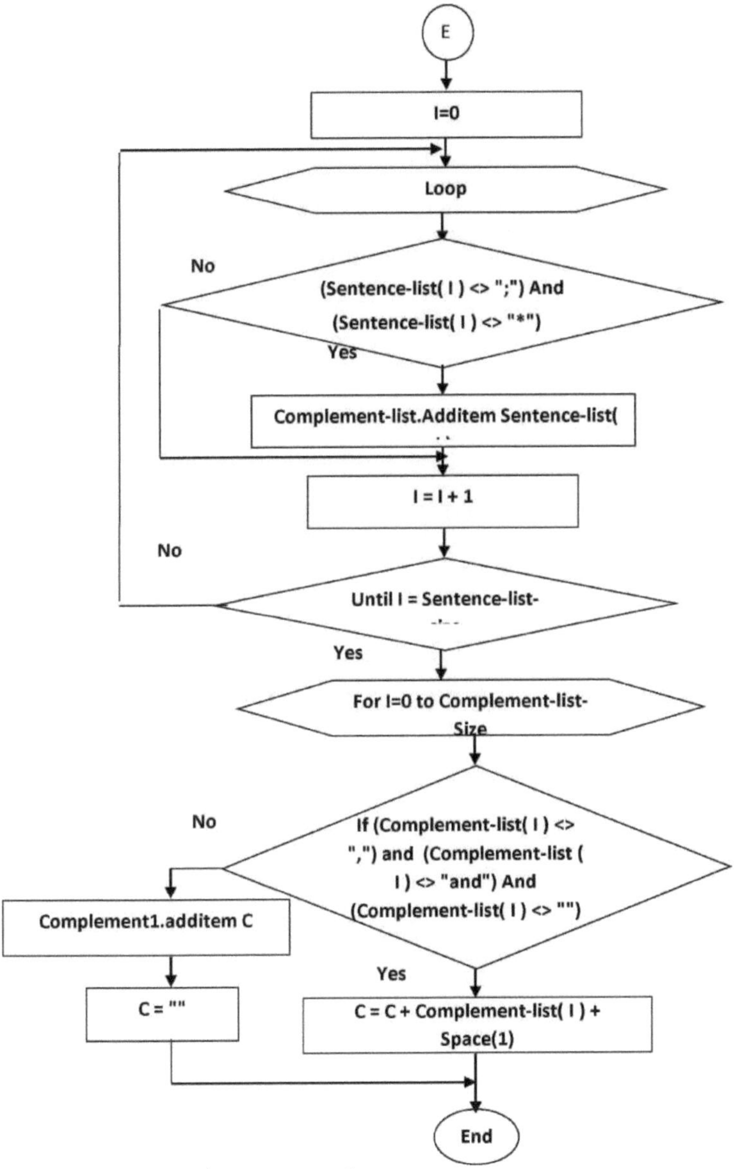

Figura (14) Extração de grupos complementares

3.1.3 A implementação

O sistema é implementado em Visual Basic. O utilizador deve escrever a frase de acordo com a sintaxe, a frase é escrita na caixa de texto em branco e, em seguida, clica no botão "*Sentence Parse*" (*Análise da frase)*, o programa faz corresponder cada palavra da frase ao dicionário de verbos para encontrar o verbo; se o verbo não for encontrado, o sistema pede ao utilizador para guardar o verbo no dicionário e, em seguida, clica no botão "*Sentence Parse" (Análise da frase)* para repetir o processo de análise. Depois de encontrado o grupo de verbos, a lista de frases é dividida numa lista de sujeitos e numa lista de complementos. A lista de complementos é usada como entrada para o processo seguinte, onde cada elemento de uma linha é separado numa nova lista de complementos; o mesmo processo é realizado com a lista de sujeitos, como mostra a Figura (15). O botão *"Novo registo"* é utilizado para eliminar o campo de texto do registo anterior e todas as outras listas e variáveis são eliminadas dos dados da execução anterior. O último botão é *"Exit" (Sair) para terminar a* execução do programa.

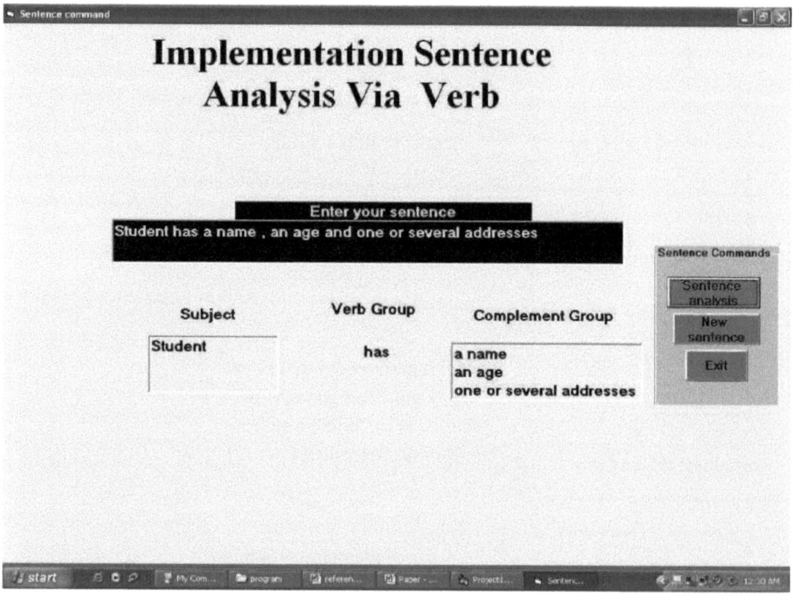

Figura (15) Janela de análise de frases

3.2 A segunda fase

O sistema grava os resultados da etapa anterior em listas, como mostram os exemplos a seguir:

OS ALUNOS TÊM UM NOME, UMA IDADE E UM OU MAIS ENDEREÇOS

Lista de grupos especializados:
Lista Sub1 (0) = ESTUDANTES

Grupo de verbos: HABEN

Completar a lista de grupos:
Lista Comp1 (0) = A NAME
Lista Comp1 (1) = UMA IDADE
Comp1-list (2) = UM OU MAIS ENDEREÇOS

O resultado serve de entrada para o sistema atual. O programa consiste em seis etapas principais para criar a ERT. Como mostra a figura (16).

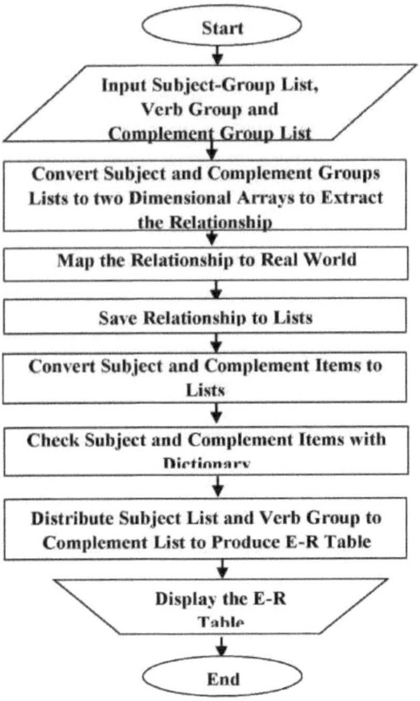

Figura (16): Diagrama de blocos para a ERT

O fluxograma tem loops aninhados; o primeiro loop pega numa linha da lista de grupos de complementos para a converter numa matriz unidimensional utilizando a instrução split, que armazena cada palavra numa única localização. O segundo ciclo converte uma matriz unidimensional numa matriz bidimensional. Este processo continua até que a lista de grupos de complementos seja armazenada numa matriz bidimensional. Como mostra a figura (17). O resultado do fluxograma é apresentado no quadro (1). O mesmo processo é efectuado para o grupo de sujeitos.

Quadro (1): Matriz bidimensional do grupo de complementos

Comp(4)	Comp(3)	Comp(2)	Comp(1)	
		NAME	A	1
		AGE	AN	2
ADDRESSES	SEVERAL	OR	ONE	.
				9

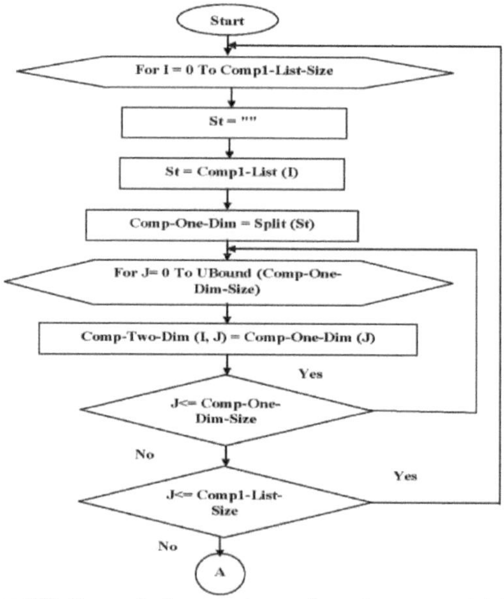

Figura (17): Conversão do grupo de complementos numa matriz bidimensional

O ponto mais importante é converter a lista complementar numa matriz bidimensional para tratar as relações e representá-las no mundo real, ou seja, (1, M) como mostra a Tabela (2). O programa começa por tentar encontrar relações compostas por quatro palavras. Estas palavras são depois comparadas com o dicionário de relações. Se a relação for encontrada, o programa muda o valor do sinal por defeito de *falso* para *verdadeiro* e retira o tipo de relação, ou seja, (1, M), do dicionário e armazena-o na primeira posição da matriz, enquanto as outras palavras são eliminadas da matriz, como mostra a Figura (18); caso contrário, se o sinal continuar a ser *falso*, o programa executa outro código para encontrar uma relação constituída por três, duas ou uma palavra.

Tabela (2): Converter a relação numa apresentação real do Word

Comp(4)	Comp(3)	Comp(2)	Comp(1)	
		NAME	1	1
		AGE	1	2
ADDRESSES			M	.
				9

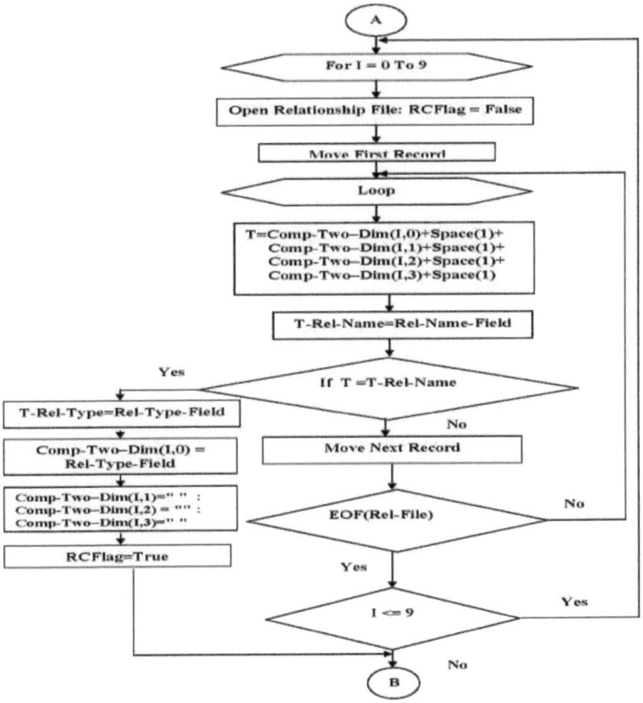

O primeiro dígito da matriz bidimensional que contém o tipo de relação é armazenado na lista de relações complementares e o tipo de relação é eliminado da matriz, como mostra o quadro (3); se o primeiro dígito de cada linha não contiver dados, o programa acrescenta "1" à lista complementar. Como mostra a figura (19).

Tabela (3): Eliminar a relação da matriz

Comp(4)	Comp(3)	Comp(2)	Comp(1)	
		NAME		1
		AGE		2
ADDRESSES				.
				9

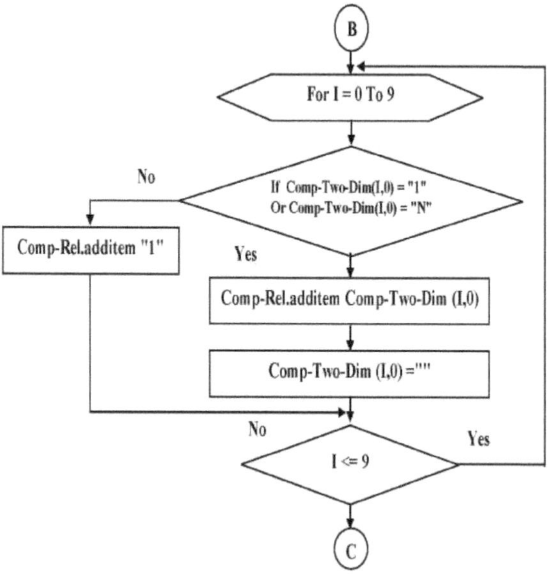

Figura (19): Converter a relação numa lista de complementos

Como mostra a Tabela (3), cada complemento é constituído por uma palavra, mas em alguns casos o complemento pode conter duas ou mais palavras, por exemplo, quando o elemento *"IDADE" é substituído* por *"NÚMERO DE SEGURO SOCIAL"*, o que significa que ocupa três lugares na matriz. Por conseguinte, o programa recolhe estas palavras e guarda-as na lista de complementos. Como mostra a figura (20).

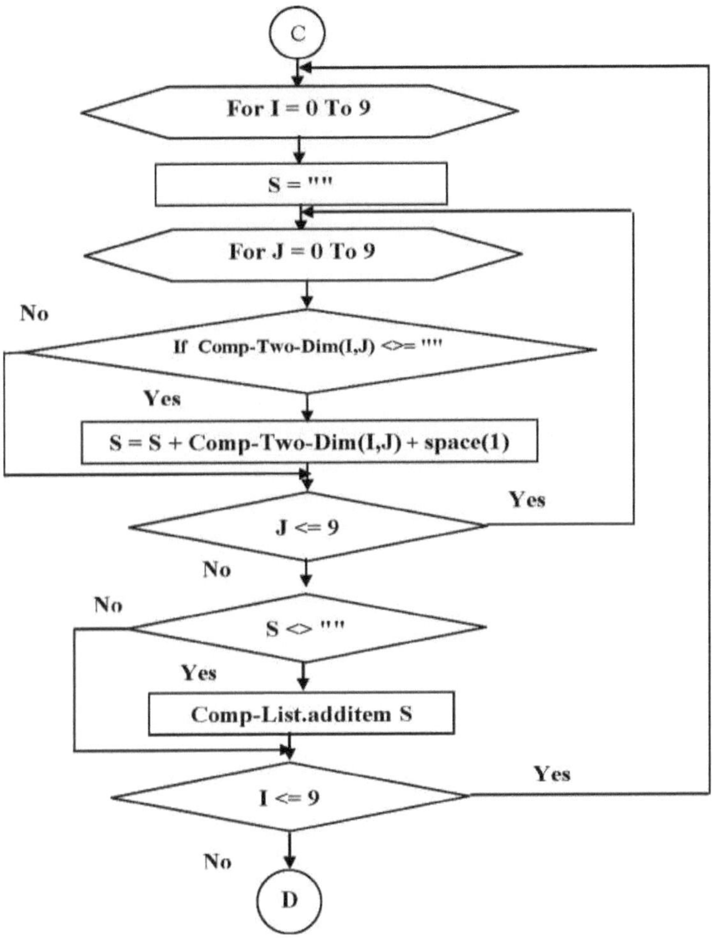

Figura (20): Guardar a posição do complemento na lista de complementos

De seguida, o programa pega em cada elemento de complemento da lista de complementos e chama o elemento de complemento de verificação com o dicionário, como mostra a Figura (21).

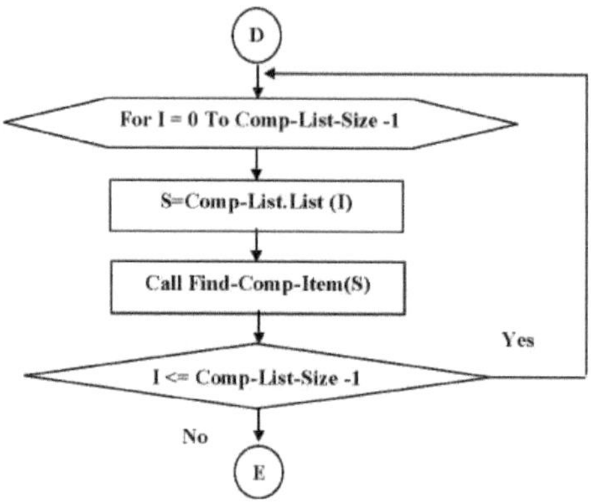

Figura (21): Chamada do procedimento de verificação do complemento de item

O programa seguinte compara um elemento de complemento com o dicionário de complementos do tema, que contém dois campos (nome do nó e tipo de nó), por exemplo, "*STUDENT*" como nome do nó, enquanto o tipo de nó é "E" ou "A", o que significa entidade ou atributo. Se o elemento complementar for encontrado, o sinal é alterado de *Falso* para *Verdadeiro* e o tipo de nó é guardado na lista de complementos e o programa sai da sub-rotina. Se não for encontrada nenhuma palavra no dicionário durante a pesquisa, o marcador permanece *falso* e o programa apresenta uma mensagem para informar o utilizador de que o nome do nó não está no dicionário e que deve introduzi-lo e especificar o tipo de nó como entidade (E) ou atributo (A). O sistema insere o nome do nó na lista, como mostra a figura (22).

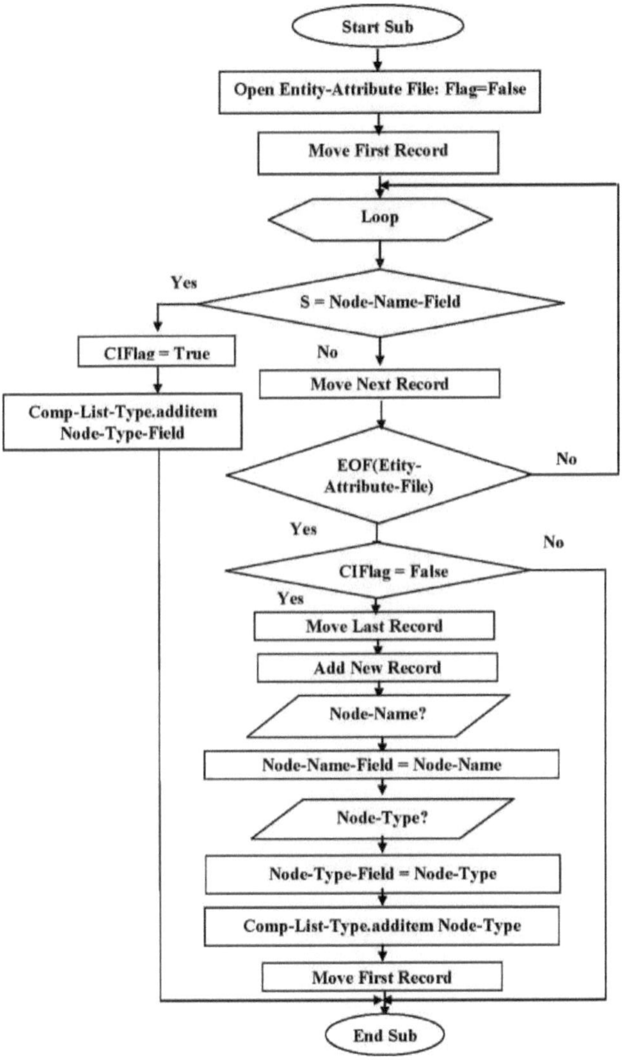

Figura (22): Procedimento para completar a posição

O último fluxograma tem um loop aninhado, o primeiro para a lista de sujeitos, o segundo para a lista de complementos e o grupo de verbos. A lista de complementos e o grupo de verbos são distribuídos pela lista de sujeitos para gerar a ERT. Como mostra a figura (23).

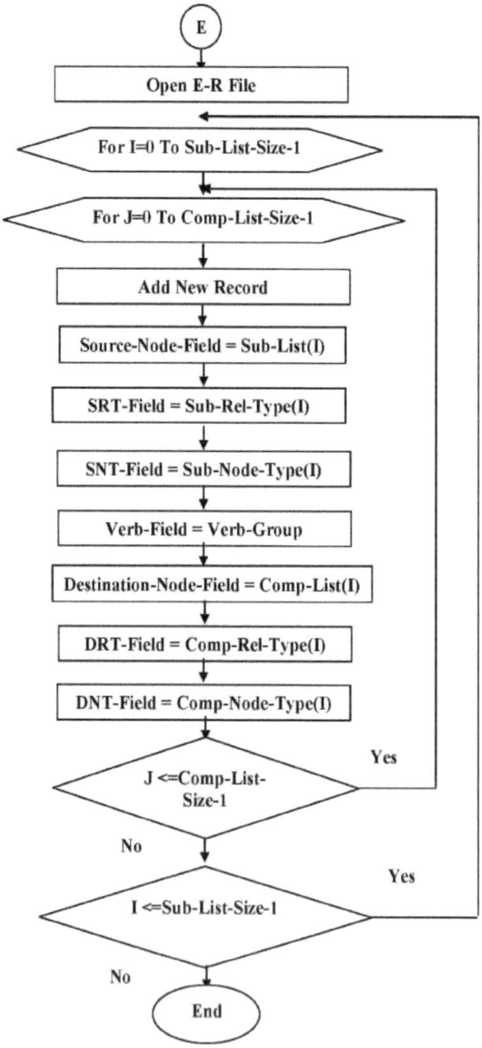

3.2.1- A realização

A janela principal é composta por três botões principais: o primeiro é "Create New ERT" (criar nova ERT), que cria uma nova tabela entidade-relacionamento (ERT); quando o utilizador clica neste botão, aparece uma mensagem informando-o de que "todos os dados serão eliminados". O segundo botão, "Modify Old ERT", adiciona novos dados aos dados existentes e o terceiro botão, "Exit", sai do sistema, como mostra a figura (24). A segunda janela permite ao utilizador introduzir registos. Esta janela contém dois botões: "Record Analysis" (Análise de registos): este botão tem duas acções: a primeira analisa o registo em três grupos, a segunda ação cria um TRE a partir dos grupos de registos e o resultado é apresentado na grelha da BD. O segundo botão, *"Novo registo"*, é utilizado para eliminar o campo de texto do registo anterior e todas as outras listas e variáveis são eliminadas dos dados da execução anterior.

Figura (24) Janela principal

No sistema implementado, a entidade e o atributo são escritos em maiúsculas. O exemplo seguinte mostra o ERT entre duas entidades.

Registo de entrada: uma turma está inscrita em um ou mais cursos

Saída ERT:

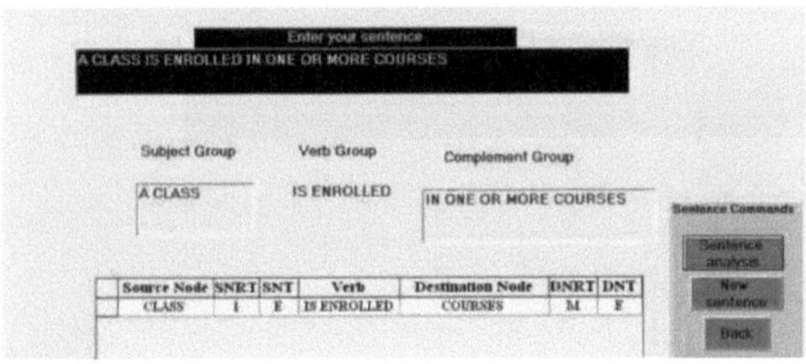

Figura (25): A relação entre as entidades turma e curso

O exemplo a seguir mostra os atributos de valor único da entidade CURSO.

Frase de entrada: UM CURSO TEM UM NÚMERO , UM DIA E UMA HORA *Saída ERT:*

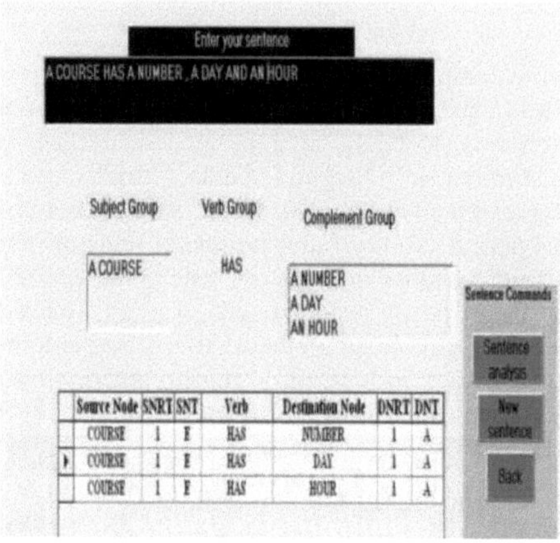

Figura (26): Atributos de valor único para a entidade preço

O exemplo a seguir mostra os atributos multivalorados da entidade STUDENTS.

Input Record1: Os estudantes têm um nome, uma idade e um ou mais endereços

Input set2: UM OU MAIS ENDEREÇOS TÊM UM ENDEREÇO ESCOLAR E UM ENDEREÇO PRIVADO

Saída ERT:

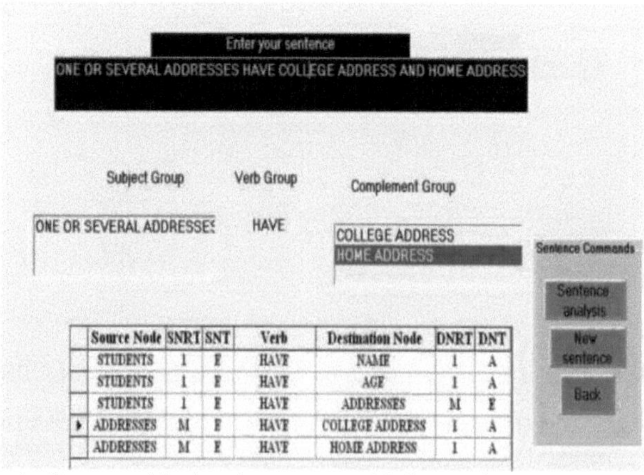

Figura (27): Atributos multivalorados para a entidade Estudantes

3.3 A terceira fase

3.3.1 Material e métodos

O processo de normalização consiste essencialmente em três fases [7]:

1- Primeira forma normal (1NF)

Há três passos para converter uma tabela em 1NF:

Por exemplo: cada cliente tem mais do que uma fatura, pelo que existem grupos recorrentes e não recorrentes [4].

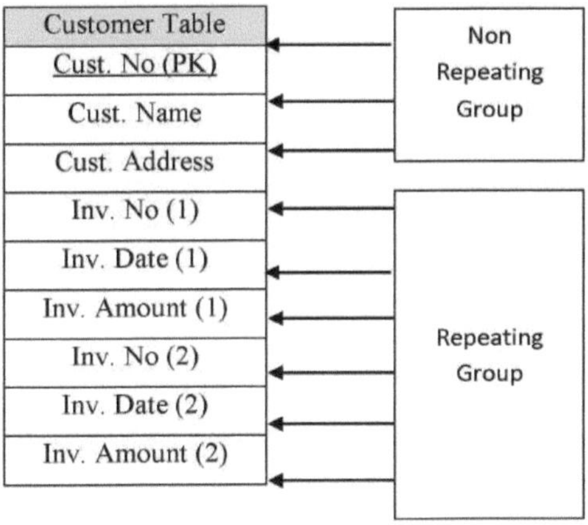

Passo 1: Eliminar os grupos de repetição

O problema pode ser resolvido separando os grupos que se repetem dos grupos que não se repetem e incluindo cada grupo numa tabela separada. Podemos resolver este problema na nossa aplicação introduzindo as seguintes regras de negócio [4]:

O cliente tem o Cust. No. , Cust. Nome e endereço do cliente. Endereço

A fatura contém o número da fatura, a data da fatura e o montante da fatura.

A regra de negócio acima resulta numa ERT, como se mostra na Figura (37).

Passo 2: Identificar a chave primária (PK)

O sistema oferece a possibilidade de determinar a chave primária no grupo complementar para cada tabela, como mostra a Figura (36), a chave primária é adicionada ao ERT.

Etapa 3: Identificar todas as dependências

A identificação da chave primária na etapa 2 significa que o usuário já identificou a dependência funcional. A dependência funcional da tabela de clientes é:

Cust. N.º -> Nome do cliente, cliente. Endereço do cliente

A tabela Fatura tem um grupo de repetição. Neste caso, a tabela Fatura deve ter uma chave externa para permitir mais do que uma fatura para um cliente. Por outras palavras, para criar uma relação um-para-muitos (1-N) entre duas tabelas, a tabela Cliente deve ter uma chave primária (número do cliente) e a tabela Fatura deve ter uma chave estrangeira (número da fatura).

O FD para a tabela de facturas é, portanto: -> N.º, data da fatura e montante da fatura

A tabela FDT para clientes e facturas é apresentada na figura (38).

2- Segunda forma normal (2NF)

A conversão para 2NF só tem lugar se a 1NF tiver uma chave primária composta. Se a 1NF tiver uma única chave primária atributiva, a tabela está automaticamente em 2NF [6].

Uma tabela está em 2NF se:

1- Está em 1NF.

2- Não contém quaisquer dependências parciais, ou seja, nenhum atributo depende apenas de parte da chave primária [2]. A conversão de uma tabela numa 2NF ocorre em duas etapas.

Por exemplo: cada projeto tem um empregado, pelo que cada empregado tem um nome, uma categoria profissional (arquiteto, programador e mecânico e ... etc.) e um número de horas para cada pessoa.

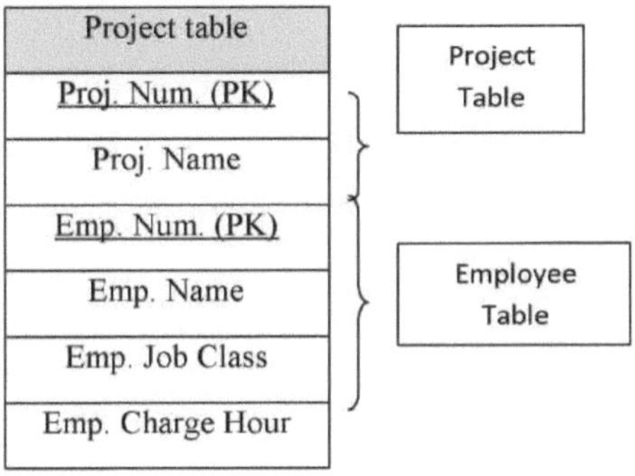

Passo 1: Criar novas tabelas para eliminar as dependências parciais:

Para cada componente da chave primária que actua como determinante numa dependência parcial. Criar uma nova tabela com uma cópia dos componentes que serão colocados nas novas tabelas. O problema pode ser resolvido no nosso sistema através da introdução das seguintes regras de negócio:

O projeto tem o n.º e o nome do projeto

O empregado tem Emp. No. , Employee. Nome , Emp. Classe de trabalho e Emp. Calcular hora

O resultado é uma ERT como mostra a Figura (41).

Passo 2: Reatribuir os atributos dependentes correspondentes:

Determinar os atributos que são dependentes nas dependências parciais. Os atributos que são dependentes em uma dependência parcial são removidos da tabela original e inseridos na nova tabela com o determinado. O sistema pode construir a tabela de dependências funcionais (FDT) de acordo com as regras de negócio mencionadas acima, como mostra a Figura (46).

3- Terceira forma normal (3NF)

A terceira forma normal abrange o caso em que existem dependências entre atributos que não são chaves primárias; este facto é referido como uma dependência transitiva [4]. Para estar na terceira forma normal, não deve haver dependências transitivas.

1- Está em 2NF.

2- Não contém quaisquer dependências transitivas. Há duas etapas para converter a tabela em 3NF.

No exemplo acima, existe uma dependência transitiva entre o campo de classe Emp. Classe de trabalho e o campo Emp. Hora de pagamento.

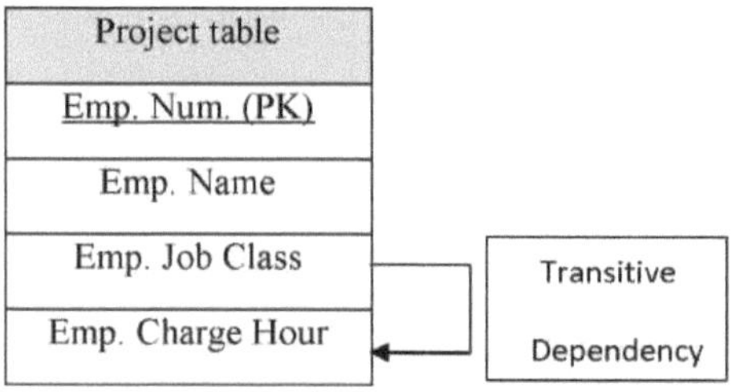

Passo 1: Criar novas tabelas para eliminar as dependências transitivas:

Para cada dependência transitiva, escreva uma cópia do seu determinante como chave primária para uma nova tabela. Um **determinante** é qualquer atributo cujo valor determina outros valores dentro de uma linha. É importante que o determinante permaneça na tabela original para servir como uma chave estrangeira.

Passo 2: Reatribuir os atributos dependentes correspondentes:

Colocar os atributos dependentes nas novas tabelas (tabela "Job") com os seus determinantes e removê-los das tabelas originais (atributo "Charge Hour"). As dependências transitivas podem ser resolvidas utilizando as regras de negócio para atualização (empregados).

Empregado tem Emp. No., Employee. Name e Emp. Classe de trabalho

O emprego tem Emp. Classe de trabalho e Emp. Carga horária

O resultado é um ERT como mostra a figura (42). O FDT é apresentado na Figura (47).

Por vezes, um atributo pode depender de mais do que uma chave primária. No nosso exemplo, o número de horas que cada empregado gastou em cada projeto depende tanto do número de projectos como do número de empregados. No quadro de afetação, deixar estas horas no quadro de afetação como horas de afetação. A ERT para este caso é apresentada na Figura (43).

3.3.2 DISCUSSÃO

O sistema atual apresenta uma mensagem que pede ao utilizador para selecionar um atributo de chave primária da lista de grupos de suplementos. Quando o utilizador selecciona um elemento (clicando nele), o elemento é armazenado na primeira posição de uma matriz com o prefixo "PK", e este elemento é eliminado da lista de suplementos, pelo que a matriz contém o atributo de chave primária. Como mostra a figura seguinte (28). O código é escrito no evento de clique da lista de suplementos.

Figura (28):

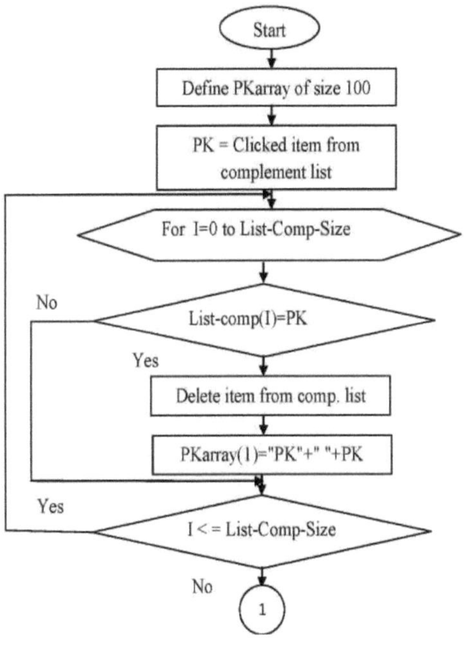

Adicionar o símbolo PK ao
atributo candidato

O primeiro ciclo do fluxograma seguinte copia os atributos não-chave (atributos que não foram seleccionados) para a mesma matriz, começando na terceira posição. O programa elimina todos os elementos da lista complementar. Na figura seguinte (29). O sistema pode adicionar mais do que uma chave primária, se necessário. Para isso, basta clicar no atributo candidato na lista complementar e o fluxograma seguinte e acima será executado novamente.

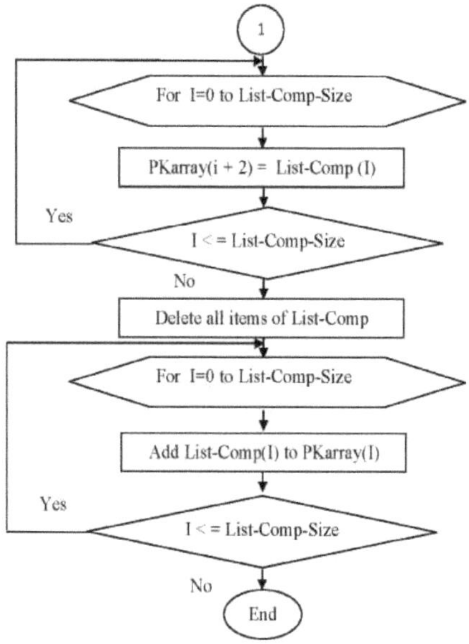

Figura (29): Lista de complementos depois de selecionar PK

Após a seleção da chave primária, o sistema modifica a TRE de acordo com a nova lista de suplementos. A adição da chave primária à TRE é uma etapa muito importante na extração da dependência funcional. Existem quatro etapas para extrair a dependência funcional.

1- Extrair os nomes das tabelas; o sistema guarda o conteúdo do campo ERT "Source", que contém os nomes das tabelas, numa lista com nomes repetidos. Como mostra a Figura (30).

Figura (30): Lista de nomes dos quadros de repetição

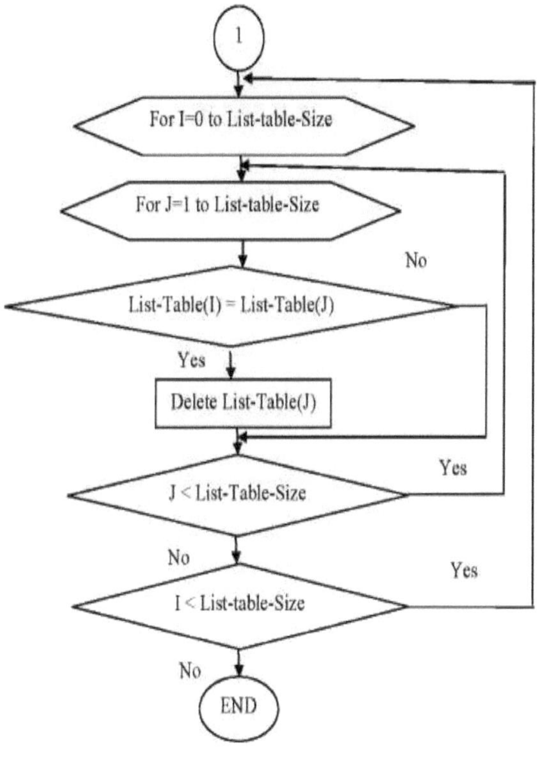

O programa elimina o elemento repetido para criar uma lista sem elementos repetidos. Como mostra a figura seguinte (31), o fluxograma é executado quando se clica na opção "Dependência funcional" na barra de menus.

Figura (31): Lista de nomes de tabelas únicas

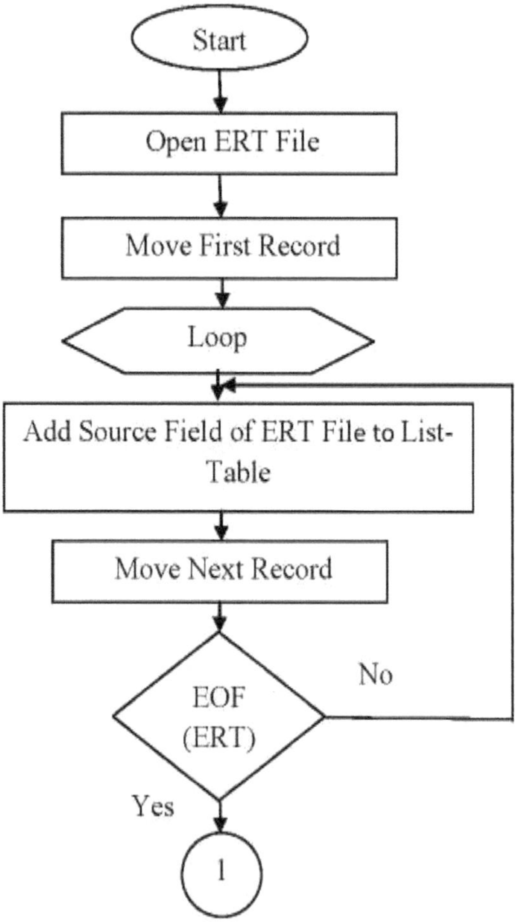

2- Quando o utilizador selecciona um elemento da lista de tabelas, o sistema extrai o campo correspondente do ficheiro ERT. Isto é feito através da correspondência entre o elemento selecionado e o ficheiro ERT. Se a comparação for bem sucedida, o sistema verifica o atributo de origem (Sattrib) e o atributo de destino (Dattrib). Se Sattrib for uma entidade (E) e Dattrib for um atributo (A), isso significa que obtemos os campos da tabela; em seguida, o nome do campo é adicionado à lista de campos. Este processo continua até o sistema ter encontrado todos os campos. Como mostra a figura seguinte (32).

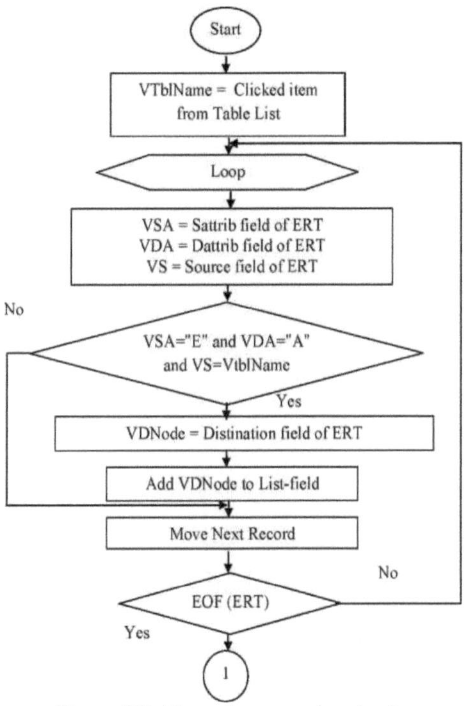

Figura (32): Nome do campo de extração

3- O nome do campo é uma coleção de campos de chave primária e de campos de chave não primária, pelo que é necessário dividi-los para calcular a dependência funcional. Utilizamos as funções "Centro" e "Esquerda" para obter uma lista do campo de chave primária e do campo de chave não primária, como mostra a figura seguinte (33).

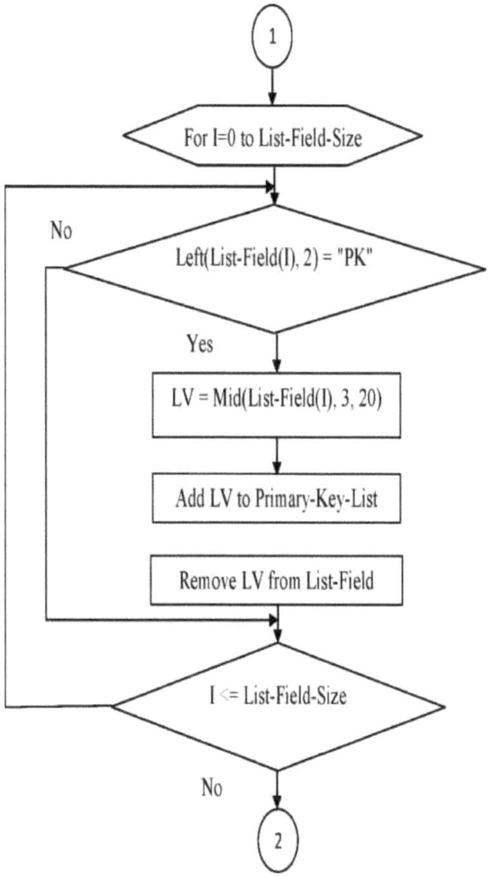

Figura (33): Lista de atributos de chave primária e lista de atributos de chave não primária

A dependência funcional está agora pronta para ser exibida. No primeiro ciclo, é apresentada a lista de chaves primárias, enquanto no segundo ciclo é apresentada a lista de atributos não-chave. Como mostra a figura seguinte (34).

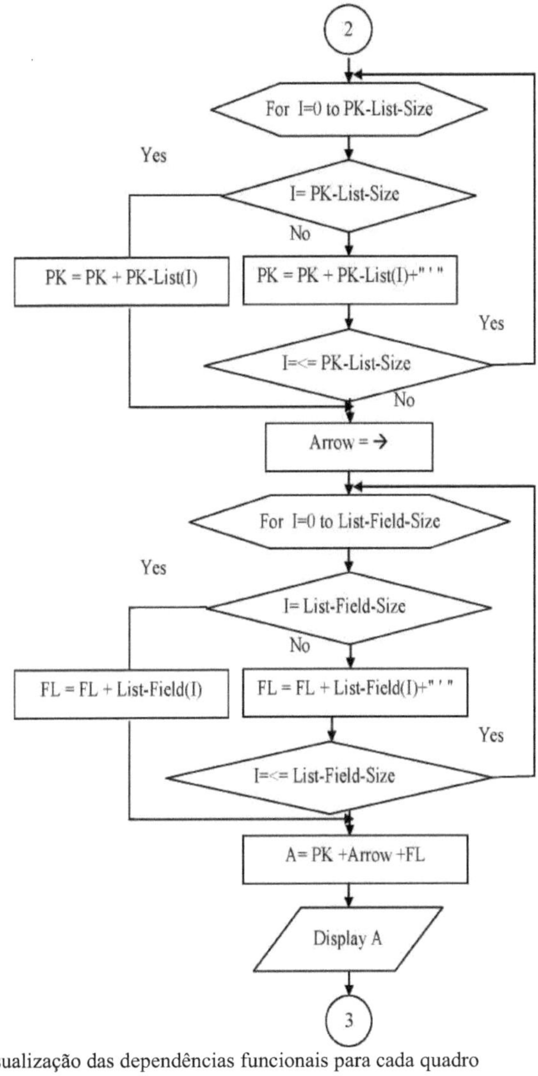

Figura (34): Visualização das dependências funcionais para cada quadro

4 - Na última fase, o sistema abre o arquivo FD e grava o nome da tabela, o atributo

chave primária e o atributo chave não primária na tabela FD (FDT). Como mostra a figura a seguir (35).

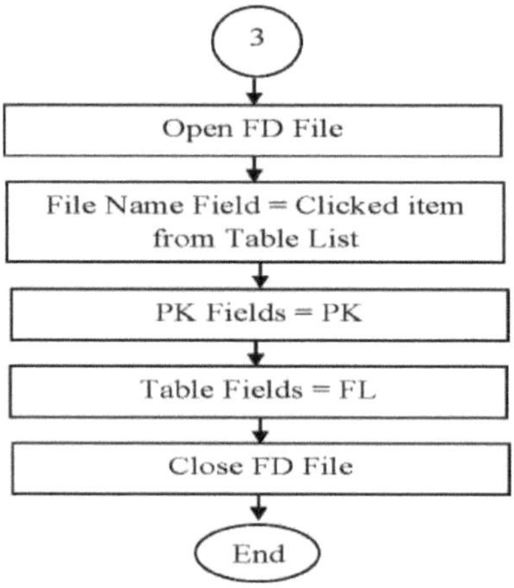

Figura (35): Tabela de dependências funcionais (FDT)

3.3.3 RESULTADOS

Se o utilizador introduzir as seguintes regras de negócio:

Regras de entrada:

O cliente tem o Cust. No. , Cust. Nome e endereço do cliente. Endereço

A fatura contém o número da fatura, a data da fatura e o montante da fatura.

O programa pede ao utilizador que seleccione o campo de chave primária do grupo de suplementos. O sistema acrescenta o prefixo "PK" clicando no campo candidato. Como mostra a figura (36).

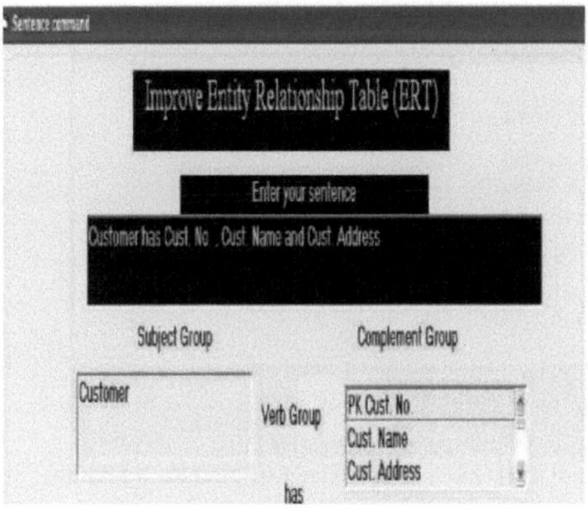

Figura (36): Adição do prefixo "PK" ao atributo candidato

As alterações acima referidas ao grupo de complementos devem ser efectuadas no TRE. Para tal, basta clicar no botão "Mostrar TRE". O botão "Mostrar TRE" é desativado depois de se ter clicado nele. Como mostra a figura seguinte (37).

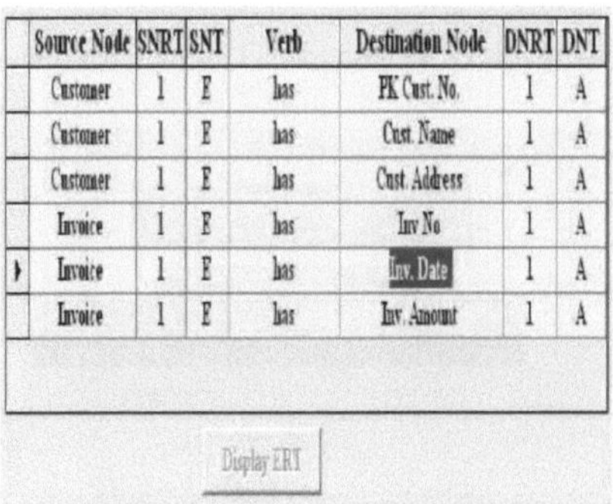

Source Node	SNRT	SNT	Verb	Destination Node	DNRT	DNT
Customer	1	E	has	PK Cust. No.	1	A
Customer	1	E	has	Cust. Name	1	A
Customer	1	E	has	Cust. Address	1	A
Invoice	1	E	has	Inv No	1	A
Invoice	1	E	has	Inv. Date	1	A
Invoice	1	E	has	Inv. Amount	1	A

Display ERT

Figura (37): ERT em 1NF com PK

O sistema extrai a dependência funcional para as tabelas Clientes e Facturas, como mostra a figura seguinte.

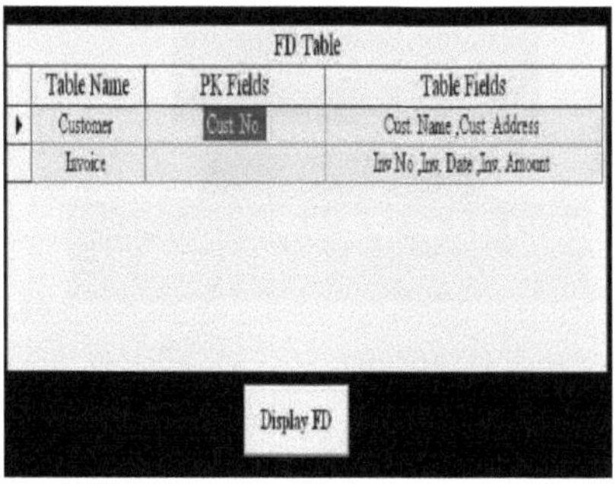

Figura (38): FDT para a tabela de clientes e facturas

O exemplo seguinte ilustra os passos em 2NF.

Registos de entrada:

O projeto tem nome e número de projeto.

O empregado tem Emp. No. , Employee. Nome , Emp. Emprego e Emp. Hora de recarga

O exemplo seguinte ilustra a lista de campos suplementares antes do evento de clique

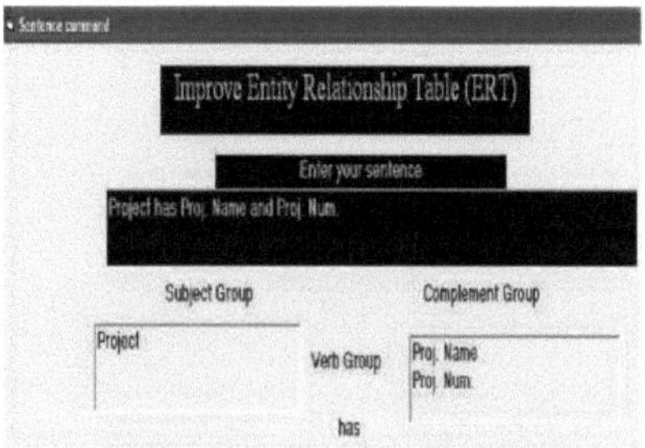

Figura (39): Antes do evento de clique

Depois de o utilizador ter clicado num atributo candidato, o sistema acrescenta o prefixo "PK" e move o atributo candidato para a primeira posição da lista.

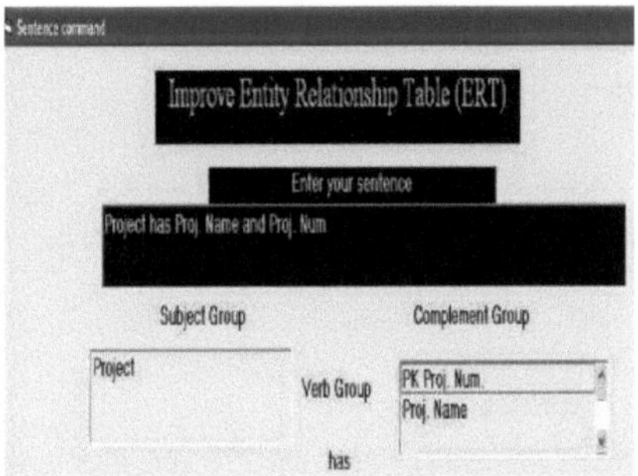

Figura (40): Evento após o clique

O sistema gera uma ERT em 2NF, como mostra a figura seguinte.

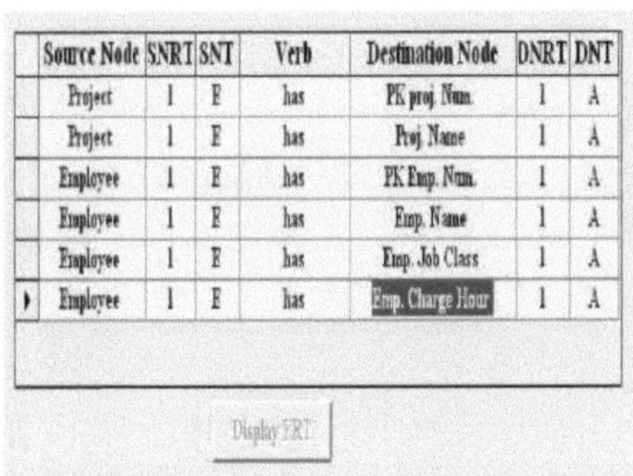

Source Node	SNRT	SNT	Verb	Destination Node	DNRT	DNT
Project	1	E	has	PK proj. Num.	1	A
Project	1	E	has	Proj. Name	1	A
Employee	1	E	has	PK Emp. Num.	1	A
Employee	1	E	has	Emp. Name	1	A
Employee	1	E	has	Emp. Job Class	1	A
Employee	1	E	has	Emp. Charge Hour	1	A

Figura (41): ERT em 2NF com PK

A figura seguinte ilustra o problema da dependência transitiva (3NF).

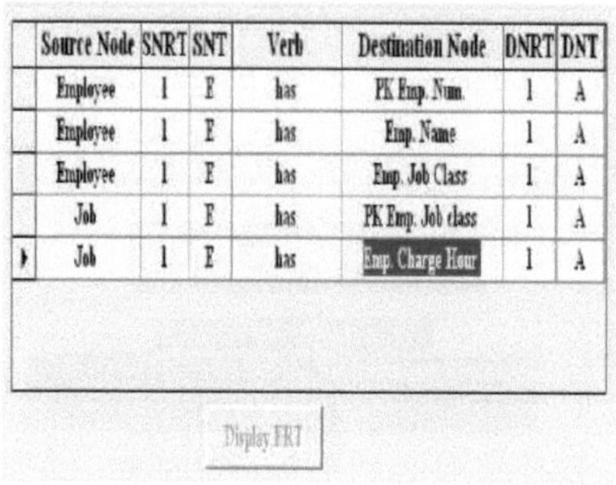

	Source Node	SNRT	SNT	Verb	Destination Node	DNRT	DNT
	Employee	1	E	has	PK Emp. Num.	1	A
	Employee	1	E	has	Emp. Name	1	A
	Employee	1	E	has	Emp. Job Class	1	A
	Job	1	E	has	PK Emp. Job class	1	A
▸	Job	1	E	has	Emp. Charge Hour	1	A

Display ERT

Figura (42): ERT em 3NF com PK

A figura seguinte ilustra o caso em que um campo depende de duas chaves primárias.

Registo de entrada:

A tarefa tem um número de projeto e um número de funcionário. e atribuição de horas

Figura (43): ERT com mais de PKs

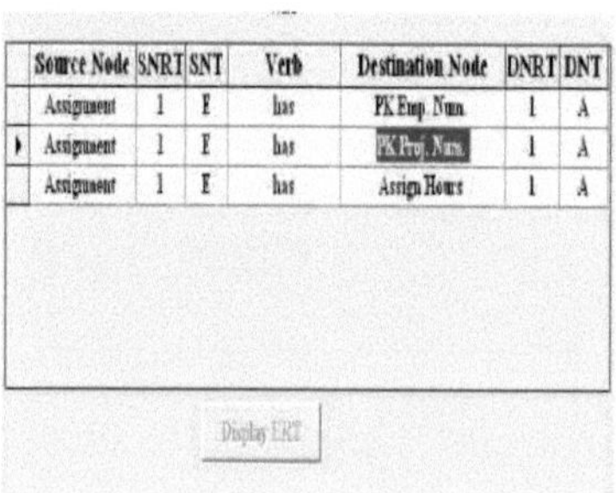

	Source Node	SNRT	SNT	Verb	Destination Node	DNRT	DNT
	Assignment	1	E	has	PK Emp. Num	1	A
▸	Assignment	1	E	has	PK Proj. Num.	1	A
	Assignment	1	E	has	Assign Hours	1	A

Display ERT

A janela FD aparece quando se clica na opção "Dependências funcionais" na barra de menu. O sistema cria dependências funcionais clicando no nome da tabela na lista de nomes de tabelas. Como mostra a figura a seguir.

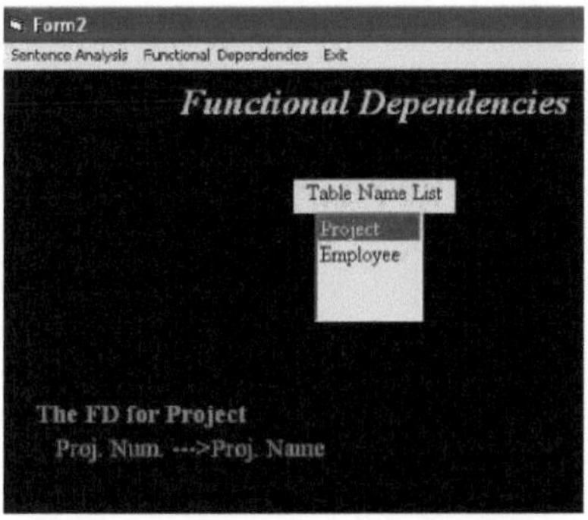

Figura (44): Quadro do DF para o projeto

O nome da tabela, o atributo de chave primária e o atributo de chave não primária são armazenados na tabela com o nome
Quadro de dependências funcionais

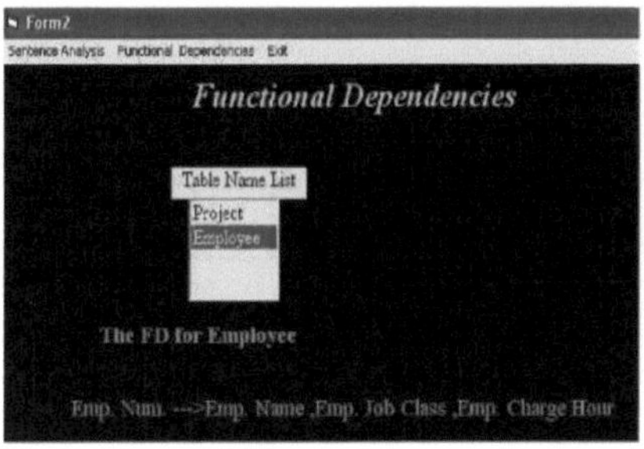

Figura (45): FD para a tabela de empregados

O nome da tabela, o atributo de chave primária e o atributo de chave não primária são armazenados numa tabela denominada Functional Dependency Table (FDT). Como mostra a figura seguinte. O conteúdo da FDT é apresentado quando se clica no botão de comando "Mostrar FD".

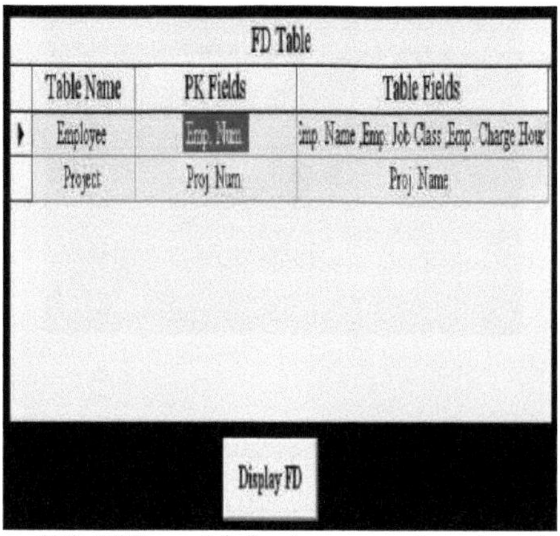

Figura (46): FDT para tabelas de empregados e de projectos

A figura seguinte mostra o FD entre as tabelas Employee e Job

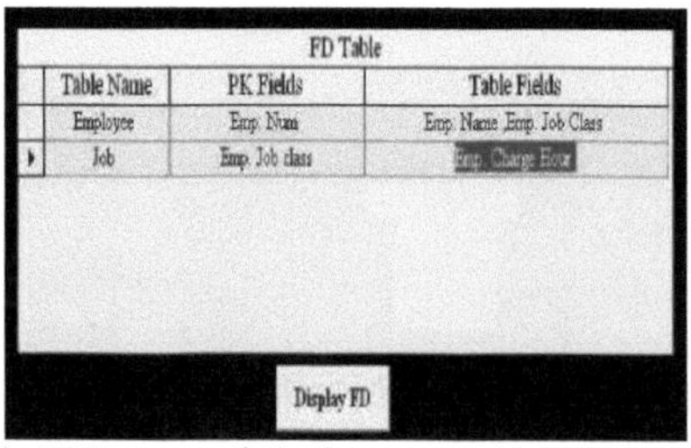

Figura (47): FDT para a tabela de empregados e postos de trabalho

3.4 A quarta fase

A FDT servirá de entrada para o sistema atual. O sistema passa por seis etapas para criar uma base de dados relacional. Como mostra a Figura (48).

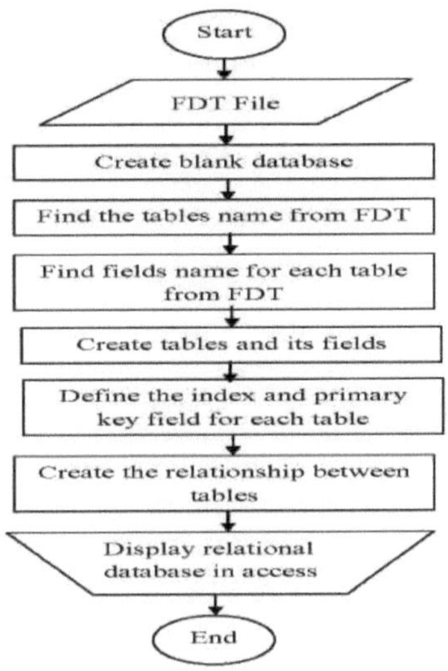

Figura (48): Diagrama de blocos da BD de normalização da produção baseada na FDT

Na primeira fase, o sistema elimina a base de dados antiga, se existir, e cria uma nova no primeiro espaço de trabalho. Como mostrado na figura (49).

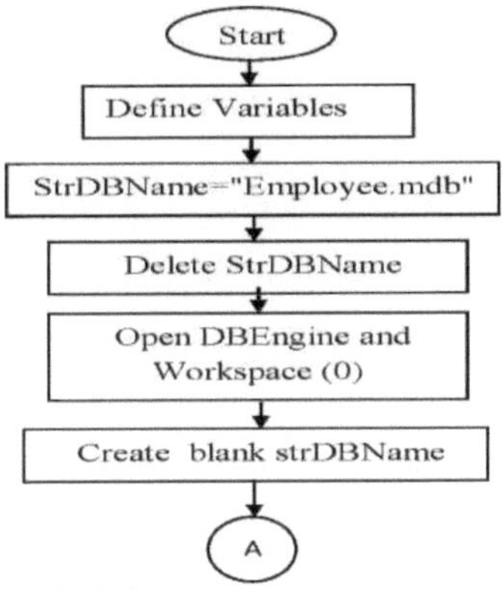

Figura (49): Criar nova base de dados

Na segunda fase, são extraídos os nomes das tabelas; o sistema guarda o conteúdo do campo FDT "Table name", que contém os nomes das tabelas, numa lista denominada "Table list". Como mostra a figura (50).

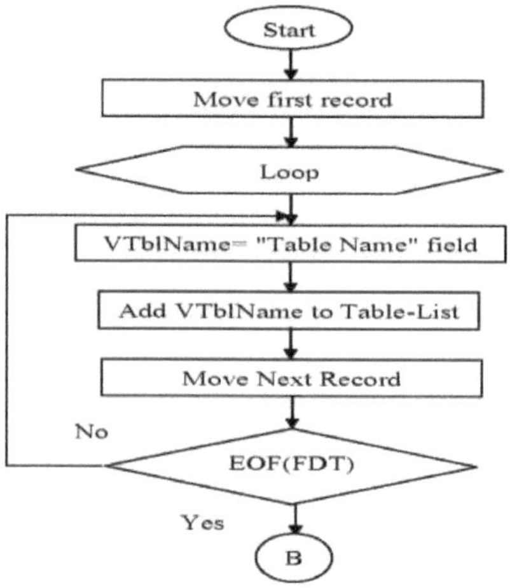

Figura (50): Extração de nomes de tabelas do FDT

A saída desta fase passa o nome da tabela e os seus campos para o procedimento "Criar tabela e campos" para criar a tabela no objeto DAO. Para tal, os atributos de chave primária e os atributos não chave são guardados numa lista denominada "Lista de campos". O atributo de chave primária é guardado pelo campo PK do FDT no topo da lista de campos, enquanto os atributos não-chave são guardados pelos campos da tabela na lista de campos. Os campos de tabela podem conter mais do que um atributo. Estes atributos são convertidos numa matriz utilizando a instrução split e, em seguida, cada elemento da matriz é adicionado à lista de campos. Este processo é repetido até ao fim do ficheiro FDT. Como mostra a figura (51).

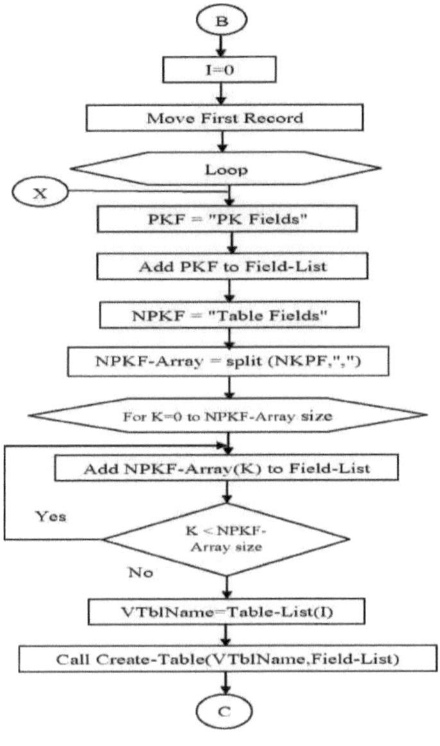

Figura (51): Extração da lista de campos do FDT

O resultado do fluxograma anterior é
List-Table(0)=Employee
List-Field of Employee =[Emp ID, Emp Name, Dept ID]
List-Table(1)=Departamento
Campo da lista de departamentos = [ID do departamento, nome do departamento, localização do departamento]
Quadro de lista(2)=competências do trabalhador
List-Field of Employee Skill = [Skill Code, Emp ID, Skill Level]
Quadro da lista(3)=Mestre de competências

Lista-Campo do Mestre de Habilidades = [Código da Habilidade, Nome da Habilidade]

O procedimento "Criar tabela e campos" apresentado na Figura (52) tem o seguinte efeito:

1- Crie uma tabela e adicione-a à coleção de tabelas no objeto DAO.
2- Crie os campos da tabela depois de o utilizador ter definido o tipo de campo (texto, número, data,..., etc.) e o ter adicionado à coleção de campos.
3- Atribuir um índice ao primeiro campo de cada tabela; em seguida, adicionar o índice à coleção de índices. Como mostrado na secção de hierarquia de objectos DAO.

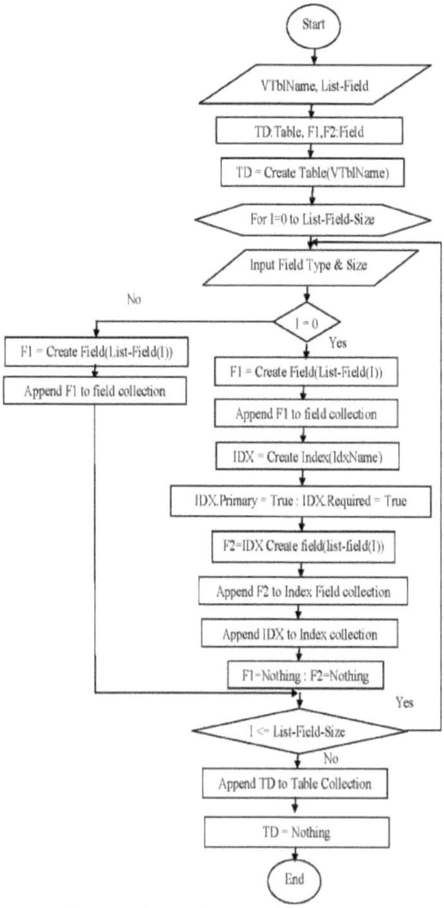

Figura (52): Criar tabela e campos

Na fase final, o sistema estabelece as relações entre as tabelas. Isso é feito armazenando os nomes das tabelas e seus campos numa matriz bidimensional. Como mostra a Figura (53). O resultado do fluxograma é apresentado na (Tabela 4).

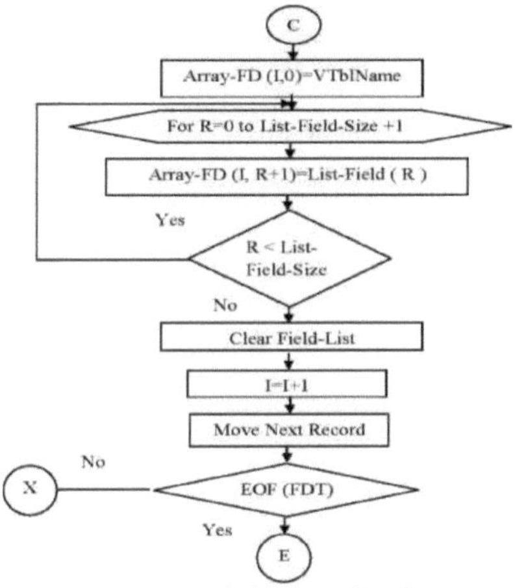

Figura (53): Tabelas de conversão numa matriz bidimensional

Tabela (4). Nomes dos quadros e respectivos campos

	Column 0	Column 1	Column 2	Column 3	...	Col 10
1	Employee	Emp ID	Emp Name	Dept ID		
2	Department	Dept ID	Dept Name	Dept Location		
3	Employee Skills	Skill Code	Emp ID	Skills Level		
4	Skill Master	Skill Code	Skill Name			
.						
10						

O sistema cria dois tipos de relações; o primeiro tipo é (1:1). Como a relação entre as tabelas "Qualificação do empregado" e "Mestre de qualificações". A relação (1:1) é designada quando duas tabelas estão ligadas através de uma chave primária.

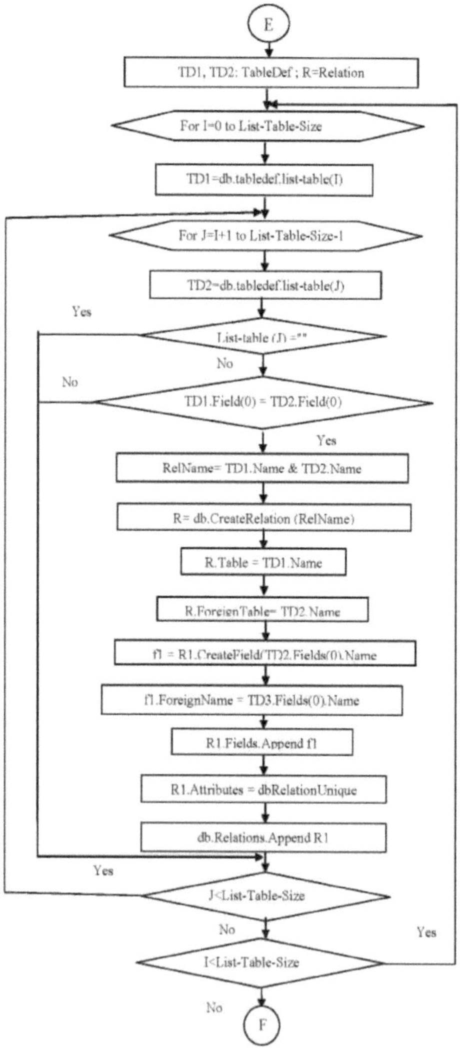

Figura (54): Relação 1:1

O fluxograma apresentado na figura (54) prevê o seguinte:

1- Adiciona as tabelas à coleção de tablesdefs.

2- Tem dois loops aninhados; compara o primeiro elemento da coluna um (coluna sombreada) numa matriz bidimensional com todos os outros elementos da mesma coluna; se a correspondência for bem sucedida, o sistema cria uma relação; caso contrário, é selecionado outro elemento.

3- O programa definirá o nome da relação.

4- Criar a relação entre as tabelas.

5- Adicionar a relação à coleção.

O segundo tipo é (1: N). Como a relação entre as tabelas Departamentos e Empregados. A relação é designada (1:N) se uma tabela tiver uma chave primária e a segunda tabela tiver uma chave estrangeira.

O fluxograma apresentado na figura (55) prevê o seguinte:

1- Adiciona as tabelas à coleção de tablesdefs.

2- Tem quatro loops aninhados; pega na chave primária (elemento na coluna sombreada) e compara-a com todos os outros elementos da matriz (exceto o elemento na coluna sombreada). Se a correspondência for bem sucedida, o sistema cria uma relação; caso contrário, é selecionado outro elemento. As etapas (3-5) são semelhantes às etapas anteriores.

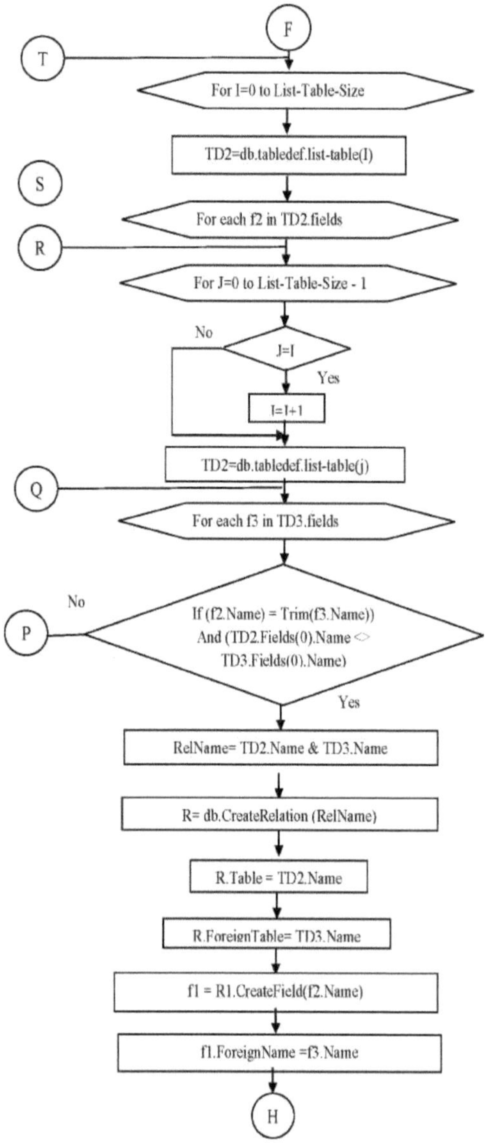
F
T
For I=0 to List-Table-Size
TD2=db.tabledef.list-table(I)
S
For each f2 in TD2.fields
R
For J=0 to List-Table-Size - 1
No
J=I
Yes
I=I+1
TD2=db.tabledef.list-table(j)
Q
For each f3 in TD3.fields
No
P
If (f2.Name) = Trim(f3.Name))
And (TD2.Fields(0).Name <>
TD3.Fields(0).Name)
Yes
RelName= TD2.Name & TD3.Name
R= db.CreateRelation (RelName)
R.Table = TD2.Name
R.ForeignTable= TD3.Name
f1 = R1.CreateField(f2.Name)
f1.ForeignName =f3.Name
H

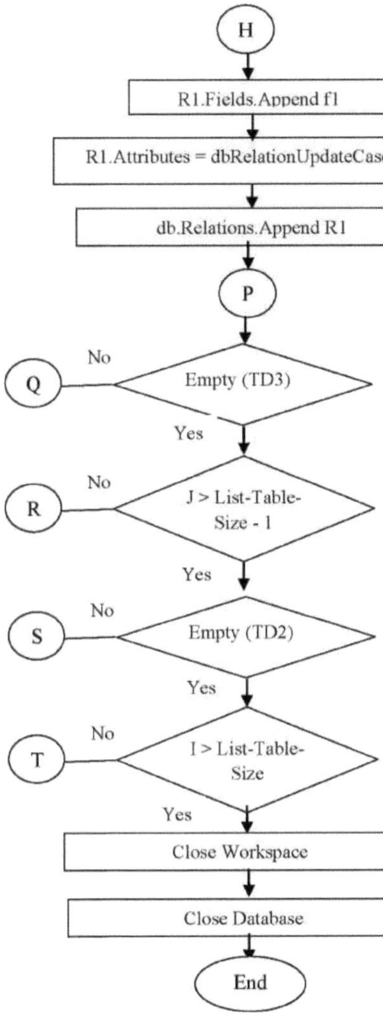

Figura (55): 1: Rácio N

3.4.1-A realização

O programa contém as seguintes janelas principais, como mostra a Figura (56).

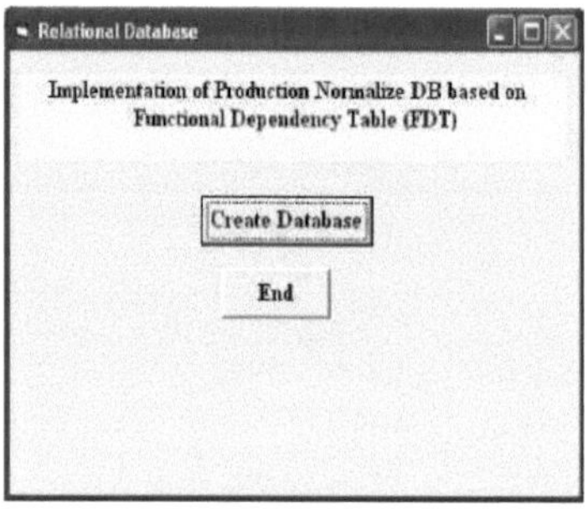

Figura (56): Janela principal do formulário

Quando se clica no botão "Criar base de dados", o programa cria uma base de dados vazia e o processo é executado no FDT para extrair as tabelas e os seus campos. O sistema pede ao utilizador que defina o tipo de dados (número, texto, data, etc.) para cada campo antes de adicionar o campo à coleção. Como mostra a Figura (57).

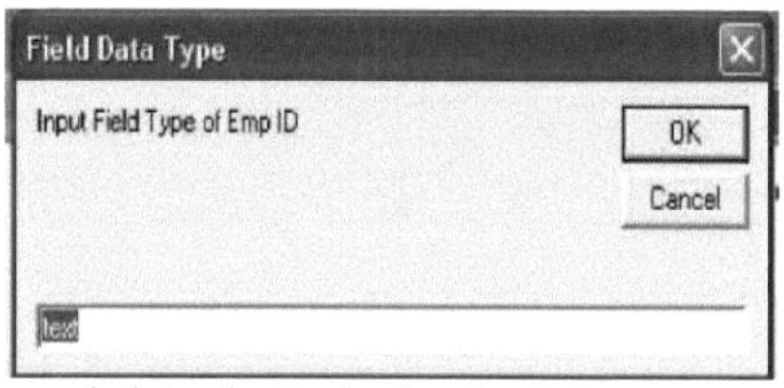

Figura (57): Campo de introdução do tipo de dados

Este processo é repetido para atribuir um tipo de dados a todos os campos das tabelas, como mostra a Figura (58).

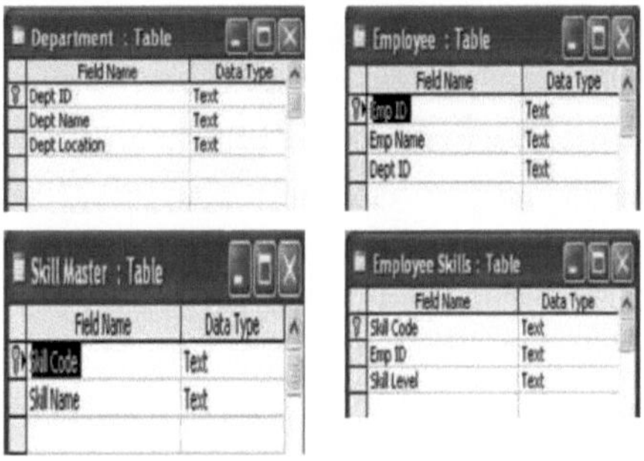

Figura (58): Criando tabelas no Access

Por fim, o sistema cria a relação entre as tabelas mostradas na Figura (59) e exibe a mensagem "A Base de Dados Relacional está pronta".

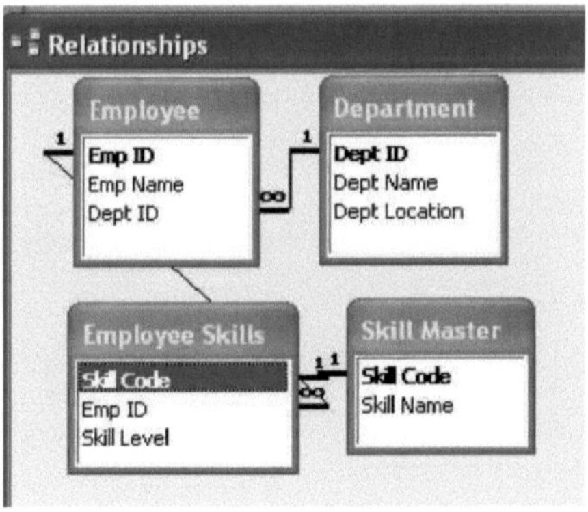

Figura (59): Criar relação entre tabelas

Conclusão

São muitas as conclusões que se podem tirar deste livro:

1- As técnicas assistidas por computador podem ser aplicadas com êxito ao problema da conceção de bases de dados. Quando utilizadas com uma interface adequada, podem ajudar o administrador da base de dados (DBA) a criar mais rapidamente um projeto de melhor qualidade com este apoio.

2- As regras de normalização são um processo complexo, neste sistema ilustra-se como podemos aplicar o processo de normalização através de regras de negócio.

3- O sistema pode ser utilizado como um programa de aprendizagem para extrair o ER e o FD para cada tabela.

4- Por vezes, há pessoas com elevadas competências de desenho DB mas que não têm vontade de aprender uma aplicação para as ajudar a aplicar o seu desenho, pelo que o sistema é muito útil para essas pessoas.

5- O sistema é muito útil para fornecer uma BD segura, transferindo a BD como FDT para o utilizador final. O utilizador final pode converter o FDT numa BD utilizando este programa.

6- A cifragem pode ser efectuada cifrando os registos na estrutura da tabela.

Referências:

[1] S. Bing Yao; "*Fundamentos da Conceção de Bases de Dados Volume 1 (Organizações Lógicas)*";

Printice - Hall; 1985.

[2] C.J. Date; "*An introduction to the database system*"; Addison - Wesley; 1999.

[3] "*Logic and Semantic Networks*"; documento em linha disponível em *www.doc. ic.ac. uk.*

[4] Carter, J, 2000, "Database Design and Programming with Access, SQL and Visual Basic", McGraw-Hill Publishing Company.

[5] Atzeni, Ceri, Parabosche, Torlone, 1999, "Database systems, concetual languages and architecture", McGraw- Hill Edition.

[6] Anderson, V., 2001, "How to do everything with Access 2002", Edição McGraw-Hill,

[7] Rob, Morris, Coronel, 2010, "Database Systems: Design, Implementation, and Management", McGraw-Hill Edition.

[8] Carter, J, 1995, "The relational database", McGraw- Hill Edition.

[9] C. J. Date, The Relational Database Dictionary, p. 215, 2007, Trafford Publishing, EUA.

[10] Nick Snowdow, Oracle Programming with Visual Basic, p. 715, 2002, SYBEXInc, EUA.

[11] "Gestão de bases de dados relacionais para epidemiologistas: Normalização"; *Documento online em* www.idready.org / rdbms / database-Normalisation.pdf

[12] David Adams, Dan Beckett, Normalisation is a nice theory, *documento em linha em www.4dcompaion.com/ downloads/papers/normalization.pdf.*

[13] Wisley, Addison; (2010). Fundamentos do sistema de base de dados. EUA.

[14]Ajuda VB, (2001). Microsoft Developer Network (MSDN).

[15] "*Natural Language Processing - Artificial Intelligence*" disponível *como* documento em linha

em *www. myreaders. Informações*

Índice

MIX
Papier aus verantwortungsvollen Quellen
Paper from responsible sources
FSC® C105338

Printed by Books on Demand GmbH, Norderstedt / Germany